# *21* días
## para lograr un
# matrimonio
# estupendo

# 21 días

## para lograr un
## matrimonio
## estupendo

*Un enfoque adulto sobre la vida en pareja*

# DR. HENRY CLOUD &
# DR. JOHN TOWNSEND

CASA
CREACIÓN
*Para vivir la Palabra*

*Para vivir la Palabra*

MANTÉNGANSE ALERTA;
PERMANEZCAN FIRMES EN LA FE;
SEAN VALIENTES Y FUERTES.
—1 CORINTIOS 16:13 (NVI)

 *21 días para lograr un matrimonio estupendo*
por Dr. Henry Cloud & Dr. John Townsend
Publicado por Casa Creación
Miami, Florida
www.casacreacion.com
©2007, 2020 Derechos reservados

Library of Congress Control Number:
ISBN: 978-1-59979-104-3
E-book ISBN: 978-1-941538-96-8

Desarrollo editorial: *Grupo Nivel Uno, Inc.*
Diseño interior: *Grupo Nivel Uno, Inc.*

Publicado originalmente en inglés bajo el título:
*21 Days to a Great Marriage*
Integrity Publishers, Inc.
Copyright © 2006 by Henry Cloud and John Townsend
Todos los derechos reservados.

A menos que se indique lo contrario, los textos bíblicos han sido tomados de la Santa
Biblia, Nueva Versión Internacional® nvi® ©1999 por Bíblica, Inc.© Usada con permiso.

**Nota de la editorial**: Aunque el autor hizo todo lo posible por proveer teléfonos y
páginas de Internet correctas al momento de la publicación de este libro, ni la editorial
ni el autor se responsabilizan por errores o cambios que puedan surgir luego de haberse
publicado.

Impreso en Colombia

21 22 23 24 25 LBS 9 8 7 6 5 4 3 2 1

# Contenido

## *Introducción*

## Cómo extraer de este libro el máximo beneficio matrimonial

Usted puede haber tomado este libro por diversas razones como:

- Tiene un buen matrimonio, pero usted desea mejorarlo aún más.
- Está buscando respuestas en su matrimonio, consciente de que actualmente está lejos de ser estupendo o fabuloso.
- Periódicamente, usted y su cónyuge trabajan juntos con un libro para matrimonios con el fin de mantener su relación armonizada y que va viento en popa.
- Su cónyuge le alcanzó este libro con una mirada que dice: «Toma una pista».
- Usted es soltero o comprometido, y espera que su matrimonio comience con el pie derecho.

- Usted es viudo o divorciado e intenta hacerlo mejor la próxima vez.

Más allá de cómo o por qué llegó a este punto, nos alegramos de que esté aquí. Deseamos que sepa que, de donde sea que comience, usted está embarcado en un viaje de veintiún días que, si persevera con nosotros y cumple la tarea, hará una diferencia grande y positiva en su matrimonio. Hemos compartido estos principios literalmente con miles de personas, y quienes trabajaron diligentemente en sus relaciones se han convertido en mejores cónyuges y están disfrutando de matrimonios estupendos. Confiamos en que también a usted le sucederá.

Pero antes de que se ponga en marcha en este viaje trascendental para mejorar su matrimonio, aquí tiene algunos consejos que le ayudarán a sacar el mayor provecho de su esfuerzo.

## Usted se beneficiará aunque su cónyuge no lea este libro.

Creemos que es ideal que usted y su cónyuge lean el libro y hagan los ejercicios juntos. Pero si él o ella todavía no está listo para ese proceso, de todos modos, su matrimonio se beneficiará grandemente si usted comienza este viaje solo. Los grandes matrimonios resultan cuando cada consorte se enfoca en sí mismo, decidido a ser con la ayuda de Dios el mejor cónyuge que puede ser. Mientras crece por medio de estos principios, su matrimonio tiene muchas posibilidades de mejorar aunque su cónyuge no esté todavía en este programa de veintiún días.

## Sacará el mayor provecho cuando no se limite sólo a leer.

Al final de cada capítulo, encontrará una sección de aplicación titulada: *Piénselo, háblelo, vívalo.* Las preguntas y ejercicios que proveemos están diseñadas para ayudarle a trasladar los principios para un matrimonio estupendo a la expresión cotidiana de su relación matrimonial.

Si están realizando este viaje como pareja, les sugerimos que cada uno lea individualmente cada capítulo. Estudie detenidamente la sección de aplicación, tome algunas notas, y decida de qué manera responderá personalmente al principio propuesto ese día. Luego reúnase con su cónyuge para compartir mutuamente sus ideas y respuestas del capítulo. Si realiza este viaje solo, no saltee la sección de aplicación. Estudie las preguntas y ejercicios que se aplican a usted, aunque todavía no pueda compartirlas con su cónyuge. Si surge la oportunidad de compartir con su consorte lo que está leyendo, asegúrese de referirse a lo que Dios está haciendo en usted, no lo que usted cree que su cónyuge debe hacer. Un matrimonio estupendo consiste en que cambie usted mismo, no a su cónyuge.

Cada capítulo finaliza con un *Compromiso para un matrimonio estupendo* cristalizado del principio tratado. Consideren concluir su debate de cada capítulo compartiendo este compromiso —o algo similar con sus propias palabras— verbalmente el uno con el otro. Luego tomen unos minutos para orar juntos, pidiendo ayuda a Dios para vivir cada compromiso del matrimonio estupendo.

## Puede fragmentar los «21 días» de diversas maneras.

No estamos diciendo que debe despejar su calendario durante tres semanas y abocarse a este libro un capítulo por noche. Aquí presentamos diferentes maneras de avanzar a través de los veintiún días.

Si usted y su pareja están trabajando juntos con el libro:

- Preparen su propio programa de veintiún días. Por ejemplo, ¿qué les parece apartar veintiún martes a la noche o sábados por la mañana consecutivos? O quizás puedan apartar dos o tres noches por semana. El programa diario que ustedes elijan debería permitirles a ambos un tiempo sin prisa para la lectura personal y para meditar antes de conversar.
- Consideren realizar este viaje en veintiún semanas con otra pareja o un grupo pequeño de parejas. Por ejemplo, hagan el trabajo

individualmente y como pareja tal como se sugirió anteriormente. Luego, reúnanse como grupo pequeño una noche por semana para hablar del progreso de cada pareja, animarse mutuamente, orar los unos por los otros, y dar cuenta el uno al otro.

- Planifiquen unas vacaciones o un retiro de matrimonio estupendo sólo para ustedes dos. Si pueden darse el lujo, salgan de vacaciones por una semana y trabajen concentradamente sobre este libro, tratando tres capítulos por día durante siete días. O preparen una serie de retiros de fin de semana y aborden dos o tres capítulos por vez.

Si usted está comenzando esta jornada sin su cónyuge, puede seleccionar un ritmo que se adecue a sus horarios y necesidades. Podría pensar en reunirse periódicamente con algunos amigos que estudien el libro con usted. No haga que su cónyuge se sienta incómodo, preguntándose si estará hablando de él (o de ella). Simplemente puede decirle algo como: «Me estoy reuniendo con algunas amigas para discutir cómo podemos ser mejores esposas».

## Su matrimonio puede ser cada vez más estupendo...

El propósito de este libro no es darle a su matrimonio un «certificado» de «estupendo» de la misma manera en que usted consigue un diploma o una medalla al mérito. Un «matrimonio estupendo» es un proceso continuo, no quedarse en un logro. Esperamos que cuando finalice este libro usted pueda decir que su matrimonio es más estupendo de lo que era cuando comenzó. Pero esperamos que nunca diga que su matrimonio es todo lo estupendo que puede ser.

Dentro de seis meses o un año, vuelva a examinar este trayecto de veintiún días. Lea otros buenos materiales sobre el matrimonio. Asista a clases y conferencias de enriquecimiento matrimonial. Nunca deje de crecer para ser el cónyuge que Dios planeó que usted fuera.

# DÍA *1*

## Preparen su matrimonio para que sea algo grande

*¿Cómo se siente mientras emprende este primer día hacia un matrimonio más pleno? ¿Esperanzado? ¿Fortalecido? ¿Dubitativo? ¿Escéptico? Estas son emociones muy normales en este punto. Pero, sin importar cómo se sienta, le animamos a no subestimar el poder de Dios para cambiar de una manera positiva su relación comenzando hoy mismo.*

«Cuando era soltera, era desdichada e insegura. Luego, me casé con Ron, y me transformé en casada, desdichada e insegura.» Así dijo mi amiga Denise, a quien yo (John) no había visto durante varios años.

«Aunque al principio era deprimente darse cuenta de eso —continuó ella—, realmente me ayudaba a comprender que mi fracaso en ser feliz era mi propio problema. Si esperaba ser feliz, tenía que madurar un poco».

Los conceptos de Denise presentan el punto vital que debemos corregir desde el inicio: el crecimiento emocional, espiritual y relacional es la piedra angular para disfrutar un estupendo matrimonio feliz. Si no están abiertos al crecimiento —como individuos y como pareja— su matrimonio no llegará a ser lo que quieren que sea.

## El crecimiento va antes que la felicidad en el matrimonio

Muchas parejas son arrastradas por las fantasías de que la felicidad es la meta suprema del matrimonio. Por cierto, no hay nada intrínsecamente malo en querer ser feliz. La felicidad es algo bueno y positivo, y un regalo de Dios. El Salmo 68:3 dice: «Que los justos se alegren y se regocijen; que estén felices y alegres delante de Dios». Pero, en realidad, *la felicidad no es una buena meta para la vida o el matrimonio*. Una meta mucho mejor es el *crecimiento*, y uno de los resultados del crecimiento es la felicidad.

El proceso de crecimiento emocional y espiritual, diseñado por Dios, consiste en tratar de descubrir lo que nos falta dentro, dónde estamos vacíos, y dónde estamos quebrados. Averiguamos cuán inacabados somos y cuánto necesitamos a Dios y a los demás, incluyendo a nuestro cónyuge. Pero no se detiene ahí. El paso siguiente es experimentar las muchas maneras en que podemos ser llenos, maduros y sanos. Cuando comenzamos a confrontar nuestra necesidad de crecimiento, encontramos la felicidad.

No le pida al matrimonio la felicidad que solamente el crecimiento personal puede proveerle. En cambio, enfóquese en crecer en todo lo que le está impidiendo ser la persona plena y completa que debe ser. El resultado final es que su matrimonio se puede convertir en un maravilloso refugio de amor, conexión, intimidad, pasión y felicidad. La gente madura crea matrimonios felices que crecen.

Otro beneficio de buscar su propio crecimiento es que *la gente madura tiende a ser gente atractiva*. Cuando una persona se vuelve compasiva, puede mostrar compasión a su cónyuge. Cuando ella se vuelve sincera, puede dar y recibir verdad con su cónyuge. Cuando ella ha experimentado que está bien ser genuina e imperfecta, puede aceptar lo genuino y lo imperfecto de él. Cuando ella puede escrutar las partes más profundas de su propia alma, puede facilitar que él se sienta seguro para revelarle su yo más profundo.

Esta clase de crecimiento personal libera a los cónyuges de sentirse responsables por la felicidad y plenitud del otro. Esa es una enorme carga de la cual debemos librarnos. Recuerdo una amiga que le decía a su esposo: «Lamento hacerte responsable de hacerme feliz. Ése es mi problema, no tuyo. Deseo cosas de ti, y quiero darte cosas buenas también. Pero ésta la cargo yo sola». Quedó atónito. No podía creer que ya no todo era su culpa. Y su relación mejoró de manera espectacular.

# Cómo comenzar un matrimonio que crece

Aquí tenemos algunas maneras para lanzar su matrimonio en dirección a la felicidad y lo estupendo.

*Pregúntense el uno al otro si su matrimonio tiene la carga de la «fantasía de la felicidad»*. ¿Uno de ustedes ha estado esperando que el otro lo haga feliz y pleno? Además, ¿uno de ustedes está culpando al otro por su infelicidad? Si «la fantasía de la felicidad» está viva y bien en su matrimonio, pónganse de acuerdo en que la fantasía debe morir para que el verdadero amor pueda vivir.

*Comprométanse ambos con el proceso de crecimiento*. Como pareja, decidan que ambos se comprometerán con el crecimiento personal y espiritual. Nadie tendrá éxito en hacer crecer un matrimonio que no esté también dedicado al crecimiento personal. Sea consciente de que el proceso de crecimiento llevará tiempo, energía, participación, y probablemente la ayuda de otras personas. Pero, por supuesto, organicen sus compromisos para asegurarse de disponer de tiempo para el otro.

*Transfórmense en compañeros para el crecimiento mutuo*. La mejor actitud que las parejas pueden tener es la de dos compañeros. *Apoyaré tu crecimiento, y tú apoyarás el mío. No somos responsables por el proceso de crecimiento del otro, pero nos ayudaremos y animaremos uno al otro en ese proceso.* Recuerde, una persona que crece es una persona atractiva, interesante, alentadora, y apasionada. Mientras crecen, usted y su cónyuge serán conscientes de que ¡realmente ambos están haciendo un buen trato!

# Piénselo, háblelo, vívalo

1. La fantasía del matrimonio dice: «Mi cónyuge debería hacerme feliz». Sea sincero: ¿Hasta qué punto ha aceptado esta fantasía?

2. ¿Qué marco y qué contexto fomentaría mejor su crecimiento personal? ¿Su crecimiento juntos?

3. ¿Cómo le comunicará hoy a su compañero su compromiso con el crecimiento personal y matrimonial (afirmación cara a cara, una nota adhesiva en el espejo del baño, correo electrónico, entre otras)?

Siéntase en libertad de usar o adaptar la siguiente afirmación:

♡ ♡ ♡ ♡ ♡ ♡ ♡ ♡ ♡ ♡ ♡ ♡ ♡ ♡ ♡ ♡ ♡ ♡ ♡ ♡ ♡ ♡ ♡

# *Compromiso para un matrimonio estupendo*

*Con la ayuda de Dios,*

*voy a buscar tenazmente*

*mi propio crecimiento espiritual y emocional,*

*promoviendo así el crecimiento*

*y la felicidad de nuestro matrimonio.*

---
Firma

# DÍA 2

## Acéptense el uno al otro, pase lo que pase

*Han llegado al Día 2, lo cual es un buen indicador de que realmente están comprometidos el uno con el otro para cultivar un matrimonio estupendo. Y nosotros estamos comprometidos a ayudarles a llegar allí. Vamos a abordar de frente cómo trata un matrimonio estupendo con las obvias imperfecciones y defectos que cada miembro trae a la relación.*

Yo (John) estaba cenando con Dan y Stephanie, amigos que llevan mucho tiempo casados. Siempre parecieron muy unidos. La conversación giró hacia sus primeros años como pareja. Hablaron de los desafíos que habían resuelto, lo cual dio como resultado el buen momento que pasaban ahora.

Stephanie dijo: «Estuve furiosa con Dan por mucho tiempo. Pensé que era la persona más inaceptable, desamorada y criticona que jamás había conocido, y me preguntaba cómo podía ser que estuviéramos juntos».

Dan se rió. «Recuerdo esos días. Era un tipo así de malo.»

«Entonces ¿qué pasó?», pregunté.

«Cuando éramos novios, parecía realmente bondadoso y compasivo. Pero después de que nos casamos, de repente, comenzó a hablar de las cosas que estaban mal en mí: que no estaba llevando adelante el apartamento ni las finanzas. Dan tenía bastante razón con respecto a esas cosas. Eso lo molestaba, y no usaba las palabras más cariñosas para decírmelo.»

Stephanie continuó: «Yo pensaba que si Dan realmente me aceptara, debería vivir con esas cosas. Pero después de hablarlo mucho, al fin me di cuenta de que no se trataba de que me aceptara. Tenía que ver con esperar cosas de mí. Para mí esas dos cosas eran lo mismo. Pero finalmente comprendí que eran diferentes, y las cosas empezaron a mejorar».

## Aceptación y amor

Los primeros tiempos de Stephanie y Dan son un buen punto de inicio para comprender lo que significa la aceptación en el amor y el romance. La aceptación es una de las bases primordiales de una intimidad saludable y un matrimonio estupendo, pero hay muchos conceptos erróneos y mala información al respecto.

*Aceptación* es un término que suele utilizarse para significar que su amor es tan grande y profundo que no hay nada que ninguno de los dos haga que pueda perturbarlos o distanciarlos. Donde existe la aceptación, todo puede perdonarse y olvidarse en aras del amor. Si usted desea un matrimonio estupendo, la aceptación cumple un importante papel. *De hecho, la medida en que ama a su cónyuge es la medida en la cual lo (o la) acepta.*

Cuando aceptamos a alguien, recibimos a esa persona en nuestro corazón. Tomamos todas las partes, todos los aspectos, todas las realidades, buenas, malas e inmaduras. Ése es el significado de la aceptación que Dios nos da y que a nuestra vez nosotros debemos dar a nuestro cónyuge. Como respuesta a la aceptación, «acéptense mutuamente, como también Cristo los aceptó a ustedes, para gloria de Dios» (Romanos 15:7).

La aceptación es importante porque nadie puede amar, confiar o crecer sin saber que ha sido recibido, con todos sus defectos, por la otra persona. Si su compañero siente que alguna parte de él no es lo suficientemente buena para usted, se desconectará, se enojará o fingirá ser otra persona. Y ninguno de los dos experimentará la plenitud del amor.

Todo crecimiento comienza con aceptación, ya que sin ella simplemente nos escondemos y fingimos, esperando evitar la desilusión y la ira de nuestra pareja. Sólo ante la luz y la libertad de la aceptación usted puede hablar, procesar, orar, apoyar y plantear soluciones para sus debilidades y problemas.

## Aprobación y consentimiento

El error más importante sobre la aceptación es que conlleva aprobación o consentimiento. A veces, un cónyuge demandará que una acción o actitud sea aprobada por el otro para ser visto como una persona que acepta. Esto no es verdad, y no funciona en las relaciones.

Si usted aprueba o consiente algo malo, inmaduro o equivocado, está contribuyendo a más de lo mismo, lo cual muy probablemente experimentará. Por ejemplo, suponga que su cónyuge tiene amigos que usted no aprueba. No son apoyo de la relación, y no son buenos para él. Si usted aprueba o consiente estas amistades le da licencia para algo que podría dañar su relación e intimidad. Puede aceptar que son sus amigos sin rechazo ni juicio. Pero no debería aprobar lo que podría ser malo para ustedes como pareja.

Cuando surgen problemas de aprobación o consentimiento, sea tan humilde, cariñoso y abierto como pueda. Pero haga lo que haga, *no abandone su posición*, siempre que sea saludable y razonable. Ustedes desean crecer y mejorar. Para amarse y aceptarse mutua y totalmente, usted debe interesarse lo suficiente como para confrontar.

# Piénselo, háblelo, vívalo

1.  ¿En qué manera, si la hay, usted es —o podría parecer— para su cónyuge una persona que no acepta? ¿Cuándo, si sucede, se siente no aceptado por su cónyuge?

    _____

    _____

    _____

    _____

2.  Escriba una breve nota a su cónyuge expresando un factor de valoración o inquietud sobre el tema de la aceptación en su matrimonio. Formule sus palabras en el contexto de su permanente amor y compromiso con él o ella.

    _____

    _____

    _____

    _____

## *Compromiso para un matrimonio estupendo:*

*Con la ayuda de Dios,*

*voy a demostrar mi total*

*aceptación de ti,*

*aunque no esté de acuerdo con*

*tu conducta o la desapruebe.*

_____

Firma

# DÍA 3

## Enfóquese en cambiarse a sí mismo, no a su cónyuge

*Ahora que usted tiene los pies firmemente plantados en las dos piedras fundamentales para un matrimonio estupendo —el crecimiento y la aceptación— vamos a enfocarnos los próximos días en las capacidades del «yo». Un poco de autoexamen y crecimiento personal redundará en grandes dividendos para su matrimonio.*

¿Cómo evaluaría el futuro de su matrimonio si supiera que la conducta, las actitudes, hábitos, manera de hablar y de responderle a usted de su cónyuge nunca van a cambiar? Podría pensar: *Esto es deprimente. ¿Se supone que yo debo conformarme con la manera en que están las cosas y tratar de ser feliz a pesar de todo? Esa no es mi idea de lo que es un matrimonio estupendo.*

Su matrimonio puede ser bastante saludable, estar en problemas o hasta en crisis. Y quizás gran parte de la culpa por su relación «menos que ideal» sea de su cónyuge. Cualquiera que fuere su situación, lo mejor que puede hacer ahora para hacer girar su matrimonio en dirección a la grandeza es enfocarse en usted mismo, no en su cónyuge.

## La salud trae salud

Por años, yo (John) tuve un dolor crónico en la parte baja de la espalda debido a una herida deportiva. El tratamiento tradicional de descanso, estiramientos, masaje, frío y calor, no era de ayuda. Pero un día, en un asado en el patio, un ingeniero me dijo: «Tu espalda es como un puente colgante. Para estirarlo, tienes que estirar las estructuras de apoyo que lo rodean. Los músculos que lo conforman». Sugirió un régimen diario de abdominales. Seguí su consejo, y en unos meses, el dolor se fue.

No entendí realmente la ingeniería que había detrás de esto, pero sí supe que cuando me concentré en mejorar una parte de mi cuerpo, la otra parte también mejoró. En su matrimonio, pasa lo mismo: Las cosas que usted hace individualmente importan para la relación. Y hablando en general, *usted puede hacer más de lo que piensa por mejorar su relación.*

La Biblia explica esto en términos de ser una persona de luz, es decir, uno que sigue la luz del amor de Dios, la relación y el crecimiento. «Hagan brillar su luz delante de todos, para que ellos puedan ver las buenas obras de ustedes y alaben al Padre que está en el cielo» (Mateo 5:16). La luz tiende a causar una respuesta en otras personas, incluso su cónyuge. Veamos las tres cosas que usted mismo puede hacer para traer buena luz a su conexión.

*Puede agregar ingredientes saludables al matrimonio.* Cuando usted se haga vulnerable a su cónyuge, en vez de molestarse con él y fastidiarlo, introducirá algunos buenos ingredientes de crecimiento en su matrimonio. Al tratar de cambiar usted misma, hace más fácil para su cónyuge la apertura, la confianza, la seguridad y hasta el cambio. También es necesario que se deshaga de algunos ingredientes negativos como el distanciamiento, las evasivas y la culpa, aun cuando puedan parecer justificados.

Cuando hace brillar la luz en su propia vida y sus actitudes, agrega crecimiento y salud no sólo a usted mismo, sino también a su matrimonio. Quizás no vea resultados instantáneos, y está bien. Comience a tomar decisiones saludables y que le ayuden a crecer en su vida. Conózcase a sí mismo, a los demás y a Dios de una manera más profunda.

*Puede influenciar a su cónyuge.* El cambiar usted mismo no sólo trae beneficios para su matrimonio, sino que también le ayuda a ejercer influencia sobre su cónyuge para que cambie y crezca. A veces, tratamos de controlar a nuestro cónyuge, y obligarlo a cambiar. Pero la realidad es que usted no puede cambiar a nadie; su compañero siempre tiene una elección. Así que deje de controlar. La influencia es mucho más útil. Usted sea modelo, provea información, haga peticiones, sea vulnerable y seguro, y respete siempre las decisiones de su cónyuge.

No tenga temor de ejercer la *clase correcta* de presión sobre su cónyuge. Hable con él; hágale saber que lo ama y que el crecimiento como pareja es importante para usted. La presión saludable es la que produce crecimiento.

*Puede convencer a su compañero para que le ayude.* Los matrimonios más saludables son aquellos en los cuales ambos cónyuges están comprometidos con el crecimiento personal y el cambio, tratando consigo mismos. En este contexto, cada uno de ustedes rema de su propio lado del bote y contribuye al progreso del matrimonio.

Gane a su cónyuge para el concepto de equipo. Conversen sobre lo que ambos quieren: más conexión, más seguridad, más intimidad emocional, más vulnerabilidad, más sinceridad, un mayor sentido de ser un equipo, y una relación sexual más satisfactoria. Hablen sobre cómo cada uno afecta al otro. Luego, reacomoden las cargas de cambiarse a sí mismos.

# Piénselo, háblelo, vívalo

1. En su relación, pueden empezar a suceder cosas buenas cuando comienza por trabajar sobre usted mismo. ¿Cuál podría ser el primer paso para «trabajar sobre *usted mismo*»?

   _____

   _____

   _____

   _____

2. Siempre que se encuentre pensando: *¿Cómo puedo cambiarme a mí mismo?* en vez de *¿Cómo puedo cambiar a mi cónyuge?* recompénsese de una manera sencilla (como poner unos centavos en un tarro, ahorrar para un almuerzo para dos afuera). ¡Pero sólo si actúa en base a buenos pensamientos!

   _____

   _____

   _____

   _____

♡ ♡♡♡♡♡♡♡♡♡♡♡♡♡♡♡♡♡♡♡♡♡♡♡♡

# Compromiso para un matrimonio estupendo

*Con la ayuda de Dios,*

*me concentraré en mi parte*

*para enriquecer nuestro matrimonio,*

*enfocándome en los cambios positivos*

*que necesito hacer en mi conducta*

*y en mis actitudes.*

---

Firma

# DÍA 4

## Dejen de lado el ego

*¿Alguna vez le ha resultado difícil hacer cambios necesarios en usted mismo por el bien de su matrimonio? Hoy se encontrará con ese obstáculo en persona: es usted. Lo sabemos, porque combatimos contra el ego en nuestro matrimonio. Así que derrotemos juntos al «yo».*

¿Recuerda los días antes de estar casado? ¿Recuerda la libertad de hacer todo lo que quería, cuando usted quería? Respondía solamente ante usted mismo, y era suficiente.

Después se enamoró. De repente, tenía que decirse no a sí mismo respecto a libertades, decisiones y preferencias que disfrutaba en su vida previa. Tenía que considerar los sentimientos y deseos de otra persona, lo cual puede ser una dolorosa forma de vida.

Esta forma de vida se llama abnegación. Dicho simplemente, *es la práctica de posponer, o hasta abandonar, actividades y actitudes que bloquean el amor y la relación.* En los matrimonios estupendos, la abnegación es una manera diaria de vivir, relacionarse y pensar. Y es una de las claves más importantes para amar.

## Sáquese los auriculares

La abnegación crea el espacio que ambos necesitan para que el amor crezca. Cuanto más comprendan cuán saludable es negarse a sí mismos, más amarán realmente y darán a su cónyuge. Y ¡no se sorprenda cuando su pareja le responda de la misma manera!

Piénselo de esta manera. Suponga que desea hablar con su cónyuge sobre algo, pero está usando sus auriculares para anular los ruidos, escuchando música en su MP3. Usted hace una pregunta, y él la mira socarronamente. No puede oír ni una palabra de lo que usted dice. Pero cuándo él ve que usted quiere hablar y se saca los auriculares, pueden comunicarse y estar juntos.

De la misma manera, todos tenemos tendencia a enfocarnos en nuestros propios sentimientos, opiniones, sueños, heridas, necesidades y deseos. La abnegación es el mecanismo que ayuda a apagar el MP3 de su cabeza. Le permite decir no, a veces temporal y otras veces permanentemente, a las cosas en las que usted se concentra. Como resultado, usted crea un espacio para oír y responder a los deseos y necesidades de su cónyuge.

Cuando las parejas aprenden a negarse a sí mismas, experimentan un maravilloso y trascendental misterio del amor: *Cuando me niego a «mí», sintonizo con «nosotros»*. Renunciar a un deseo o exigencia por causa de la relación lo coloca en una nueva clase de vida: la vida del «nosotros». Esta vida es muy superior a la vida del «yo». El «yo» sirve al «nosotros» y es lo mejor.

## Cómo es la abnegación

Una actitud cariñosa y bien considerada de abnegación significaría abandonar cosas como éstas:

*La comodidad de la indiferencia*. El amor requiere el esfuerzo de conectarse emocionalmente, aun cuando no tenga ganas de hacerlo. Es muy natural desconectarse cuando está estresado, cansado o disgustado con su cónyuge, y a veces sí se necesita tiempo para «mí». Pero con frecuencia, usted debe negarse a sí mismo la posibilidad de retirarse de la relación. Salir de su zona de comodidad y conectarse en términos de la relación, no en los suyos propios, ayuda a generar amor y sentimientos de intimidad.

*Sus sueños y deseos*. A veces, será necesario que un cónyuge posponga un buen sueño o un deseo legítimo por el bien de la conexión. Por ejemplo, una esposa podría demorar el desarrollo de su carrera mientras cría a los hijos. O un esposo podría vivir en una ciudad que no es la mejor para su carrera, pero sí para el matrimonio y la familia.

*El derecho a demandar justicia.* Cuando ambos cónyuges insisten en jugar a ser justos, entran en un vacío legalista y desamorado. Dé más de lo que recibe en su vida amorosa, y niéguese a sí mismo la demanda de justicia. No se ofenda si acaba yendo al partido de básquet con él más de lo que él va al concierto con usted. El amor renuncia al puntaje para ganar conexión y compasión.

*Decir lo que se le ocurra.* Aprenda a negar la fuerte urgencia de decir a su cónyuge exactamente lo que siente cuando lo siente. Los cónyuges se hieren mutua y profundamente cuando suponen que tienen *carta blanca* para decirse cualquier cosa. Así que, primero pregúntese: «¿Cómo me sentiría si él me dijera eso a mí?». Esta clase de enfoque también incluye el negarse a usted mismo el privilegio de confrontar cada pequeña cosa que su cónyuge haga. Como dice Proverbios 19:11: «El buen juicio hace al hombre paciente; su gloria es pasar por alto la ofensa».

La abnegación es como las leyes económicas del ahorro y la inversión de dinero: Las personas que pueden ser pacientes y esperar, a la larga siempre cosecharán los mayores dividendos.

# Piénselo, háblelo, vívalo

1. El capítulo afirma: «Cuando me niego a 'mí', sintonizo con 'nosotros'». ¿Qué evidencias de «la vida del nosotros», ha experimentado, si lo hizo? Dé un ejemplo.

   _____

   _____

   _____

2. ¿En cuáles de las cinco expresiones del negarse a sí mismo mencionadas anteriormente trabajará para practicar «una actitud cariñosa y considerada de abnegación»?

   _____

   _____

   _____

3. Dése a sí mismo una misión secreta (correcto: no llame la atención sobre ello) para negarse a sí mismo esta semana, tal como servir a su cónyuge el café por la mañana antes de servirse usted, o realizar una de las tareas que su cónyuge generalmente hace. Vea cómo responde él o ella.

   _____

   _____

# Compromiso para un matrimonio estupendo

*Con la ayuda de Dios, creceré*

*en mi disposición y habilidad*

*para posponer o dejar actividades y actitudes*

*que bloquean el amor y la relación entre nosotros.*

_____

Firma

# DÍA 5

## Dejen atrás su inmadurez

*Felicitaciones por llegar al Día 5. Lo sienta o no, va bien encaminado a construir un matrimonio estupendo. Otro paso enfocado hacia el yo en el proceso es tratar con los vestigios de inmadurez. Así que siga leyendo...y madure en lo que sea necesario.*

Dave y Stacey habían venido a mi oficina (John) para consejería matrimonial. Después de escuchar sus relatos, finalmente dije: «Dave, si deseas el matrimonio que yo creo que deseas, vas a tener que analizar seriamente tu inmadurez y tratar con ella».

Dave me miró escépticamente. «¿Qué quiere decir con 'inmadurez'?»

«Bueno, por ejemplo, no veo que hagas mucho esfuerzo para ver las cosas desde el punto de vista de Stacey. Pero al mismo tiempo, esperas que ella lo vea desde tu punto de vista. Hace unos minutos estuvimos hablando de que Stacey se siente distanciada de ti porque compraste la embarcación sin consultarle. Escucha cuando Stacey te diga cómo se siente cuando no oyes su perspectiva de las cosas.»

Dave estuvo de acuerdo, y Stacey se volvió hacia él. «Cuando trato de decirte que la embarcación me hace sentir que vamos a estar económicamente inestables, y te pones furioso conmigo por sacarlo a colación, pierdo la esperanza de que triunfemos.» Entonces, se le hizo un nudo en la garganta y calló.

El rostro de Dave cambió. La vulnerabilidad de Stacey lo tomó por sorpresa, y sus ojos se llenaron de lágrimas. «Cariño, no sabía que estabas asustada —dijo, inclinándose hacia ella—, pensé que sólo estabas molesta conmigo. Lo lamento mucho».

Nuestras conversaciones continuaron en sesiones subsiguientes. Gradualmente, Dave se volvió consciente de su inmadurez y mejoró para resolverla. La clave estuvo en comprender cuán profundamente afectaba su inmadurez a Stacey. Eso le ayudó a seguir progresando.

## ¿Qué es la inmadurez?

Ser inmaduro es estar incompleto o no desarrollado. En términos de crecimiento personal y emocional, la inmadurez significa que un individuo todavía no se ha transformado en un adulto en el pleno sentido de la palabra. Estas actitudes afectan la capacidad de uno para amar, relacionarse, interesarse, y construir buenas relaciones. Ésta son algunas de las actitudes inmaduras más comunes.

*Indiferencia.* El cónyuge indiferente se distancia mentalmente, o se concentra en otras cosas, ocasionando que su compañero se sienta sólo y distanciado.

*Control.* Cuando un cónyuge se resiste a la libertad del otro, el problema es el control, lo cual también es una clase de inmadurez. Un cónyuge inmaduro intenta que su cónyuge haga las cosas a su manera, a menudo usando la intimidación, la agresividad, la manipulación o la culpa.

*Irresponsabilidad.* Una señal de un matrimonio maduro es que ambos cónyuges son responsables y fieles a la relación. Un compañero que fracasa en su parte de responsabilidad está demostrando inmadurez, siendo inestable y poco confiable.

*Egocentrismo.* Los adultos deberían ser capaces de salir de su propio punto de vista y entrar al mundo de los sentimientos del otro, sus valores, experiencias y opiniones. Cuando un cónyuge no se compromete realmente a este nivel, generalmente hay inmadurez o egocentrismo.

La inmadurez provoca desequilibrio, pérdida de seguridad y amor, y sentimientos negativos en el matrimonio. Cuando un cónyuge es inmaduro, el otro se siente como el cargado y resentido padre de un hijo egoísta.

# Trate con la inmadurez ahora

Lo bueno de la inmadurez es que no es una enfermedad incurable. El tratamiento correcto la erradicará. Aquí tenemos dos maneras de tratar con ella.

*Mire primero su propia inmadurez.* Las parejas más felices son aquellas que se concentran primero en cómo ellos mismos muestran inmadurez. Todos necesitamos lo que Jesús enseñó: «saca primero la viga de tu propio ojo», antes de juzgar a los demás (Mateo 7:5). En esto consiste el amor. Usted quiere preservar, ayudar y cultivar la relación; y hará todo lo que sea necesario para quitar lo que se ponga en el camino del amor.

*Determine la gravedad de su inmadurez.* A veces, la inmadurez es una cosa menor, como una esposa que se aísla cuando está molesta. Si es así, el sólo tomar conciencia de eso puede capacitarla para detener la inmadurez. A veces, es algo mayor, como cuando un cónyuge se cierra por días o semanas. En este caso, puede ser necesario que ustedes dos sigan discutiendo el tema como un proceso, no como un suceso único.

Puede ser humillante confrontar su propia inmadurez, pero para tener un matrimonio estupendo el esfuerzo vale la pena. Confrontar su inmadurez es algo adulto para hacer, y es el primer paso para superarla.

♡ ♡ ♡ ♡ ♡ ♡ ♡ ♡ ♡ ♡ ♡ ♡ ♡ ♡ ♡ ♡ ♡ ♡ ♡ ♡ ♡ ♡ ♡ ♥

# Piénselo, háblelo, vívalo

1. ¿Cuál de los cuatro indicadores de inmadurez mencionados en este capítulo ve en usted mismo: indiferencia, control, irresponsabilidad o egocentrismo? ¿Cómo ha demostrado esta característica?

   _____

   _____

   _____

2. ¿Qué efecto ha tenido su inmadurez en su matrimonio? ¿Cómo podría mejorar su relación el hecho de que usted trate con su inmadurez?

   _____

   _____

   _____

3. Busque en su Biblia 1 Corintios 13:11, léalo y medítelo. Tome nota de uno o dos vestigios de inmadurez y propóngase dejarlos atrás.

   _____

   _____

   _____

♡ ♡♡♡♡♡♡♡♡♡♡♡♡♡♡♡♡♡♡♡♡♡♡

## *Compromiso para un matrimonio estupendo*

*Con la ayuda de Dios,*

*voy a identificar mi inmadurez y tratar con ella*

*para preservar, ayudar y cultivar*

*nuestro amor y nuestra conexión.*

_____

Firma

# DÍA 6

## Practiquen la humildad

*Hay una antigua canción «country» humorística que lamenta cuán difícil es ser humilde cuando se es perfecto en todo. En realidad, la falta de humildad en un matrimonio no es cuestión de risa. Mientras se acerca al final de los primeros siete días en su jornada hacia un matrimonio estupendo, es tiempo de que sea realista con usted mismo con respecto al tema de la humildad.*

La humildad no se interpreta bien en nuestra cultura. Pero comprendida adecuadamente, en realidad, hace que las cosas sean francas en la relación matrimonial. Básicamente, *la humildad es la capacidad de experimentar la realidad de quien usted es.* Una persona humilde es la que no tiene impresiones presuntuosas de sí misma en ninguna dirección: bueno, malo, fuerte o débil. La humildad afecta varias áreas importantes de las relaciones amorosas.

# Cómo es la humildad

*La humildad reconoce su necesidad de su compañero.* Cuando nos sacudimos el orgullo natural y la autosuficiencia, debajo de ella está la necesidad de su compañero. O sea que, en vez de decir: «No sé lo que vi en él», un cónyuge humilde dice: «Podemos no llevarnos bien ahora. Pero sé que todavía te necesito y necesito nuestra relación. Así que quiero trabajar en esto». *La humildad es la clave no sólo para la resolución de los conflictos en el amor, sino también la relación amorosa misma*, porque el amor tiene que ver con permitir a la otra persona que entre en su interior.

*La humildad acepta su incapacidad para cambiar o controlar a su cónyuge.* Un matrimonio estupendo florece sólo cuando ambos miembros son libres y pueden elegir. Cuando usted es humilde, comprende que sencillamente no puede omitir las decisiones de su cónyuge, por mucho que desee que su pareja vea las cosas a su manera. Esto no significa que usted no puede o no debe influenciar a su compañero. Usted fue diseñado por Dios para ser una fuerza, para amar y crecer con su cónyuge. Así que sea una influencia sobre él. Dígale lo que desea y necesita. Pero proteja la libertad de su cónyuge como protege la suya propia.

*La humildad reconoce sus propias imperfecciones.* Las personas humildes no pretenden ser quien no son. Admiten y confiesan sus debilidades y fracasos a su cónyuge. Si usted oculta su parte mala

y finge que no existe, *usted no está presente en la
relación.* La humildad asegura que ambos «se pongan de manifiesto».

*La humildad le permite mostrar la herida sin
tomar represalias.* Cuando actuamos con humildad,
no devolvemos lo que recibimos; devolvemos algo
mejor que lo que recibimos. Como escribió una vez
el apóstol Pablo: «No te dejes vencer por el mal;
al contrario, vence el mal con el bien» (Romanos
12:21). La mejor respuesta al ser herido es no tomar
represalias, sino mostrar la herida a su cónyuge.
Dígale: «Cuando desechaste mis sentimientos acerca de nuestra vida sexual, eso realmente me hirió».
O: «Cuando te reíste de mí en la fiesta frente a nuestros amigos, eso realmente hirió mis sentimientos».

La humildad produce los mejores resultados, porque no juega con la carta de la justicia. Juega con
las cartas del amor y la realidad, las cuales matan
cualquier otra cosa para conectarse y edificar un
matrimonio estupendo.

## Cómo generar humildad en su relación amorosa

Aquí tenemos algunas maneras de edificar buena
y saludable humildad en su relación para que sus
conflictos puedan mantenerse constructivos.

*Afirmen que se necesitan mutuamente; hasta en
el conflicto.* Practiquen diciendo en voz alta estas
palabras: «Te necesito, y te amo. Aunque estemos

peleando, la necesidad no se va. Quiero resolver nuestros conflictos para que sea más fácil estar seguro de mi necesidad de ti».

*Revélense mutuamente sus temores.* ¿Por qué ha sido más orgulloso y autosuficiente que humilde en su relación? ¿Ha tenido temor al rechazo, a ser menospreciado, controlado o no respetado? Hablen acerca de esos temores, y asegúrense el uno al otro que no desean ser la causa de ellos.

*Admita sus fallas antes de que su cónyuge las mencione.* Una de las mayores señales de una pareja saludable es que ninguno de sus miembros espera a ser atrapado o confrontado con un problema. Él mismo lo menciona, porque no desea que esté en el camino del amor. Comprométase a dar el primer paso: «Cariño, gasté más de la cuenta. Metí la pata, y vamos a arreglarlo ahora». O: «Me puse muy furiosa contigo por quedarte demasiado tarde en el trabajo otra vez. Fue mi culpa».

*Celebre la humildad y confronte el orgullo.* Las parejas con humildad no toleran el ego presuntuoso, falso y arrogante. Lo confrontan en cada uno de ellos y tratan de crecer y dejarlo. Al mismo tiempo, cuando uno de ustedes admita necesidad, limitaciones o culpas, ¡hagan una fiesta! La humildad debería unirlos y acercarlos a aspectos más profundos de su alma y corazón.

♡ ♡ ♡ ♡ ♡ ♡ ♡ ♡ ♡ ♡ ♡ ♡ ♡ ♡ ♡ ♡ ♡ ♡ ♡ ♡ ♡ ♡ ♡ ♥

# Piénselo, háblelo, vívalo

1. ¿Lucha por reconocer su necesidad de su cónyuge? ¿Por qué o por qué no?

_____

_____

_____

2. ¿Con cuáles de los cuatro consejos para generar humildad en su relación necesita trabajar más? Identifique un paso práctico que pueda dar con el fin de ejercitar la humildad en su matrimonio.

_____

_____

_____

3. Verbalice hoy de una manera amable y tangible (una nota o tarjeta escrita a mano, un mensaje de voz, un correo electrónico, entre otros medios) su amor y necesidad de su cónyuge.

_____

_____

_____

# Compromiso para un matrimonio estupendo

*Con la ayuda de Dios,*

*voy a resistir al orgullo y la autosuficiencia*

*en nuestra relación, y expresaré a menudo*

*mi amor y mi necesidad de ti.*

_____

Firma

# DÍA 7

## Disfruten de buen sexo buscando sexo saludable

*Puede haberse estado preguntando desde el Día 1 de esta jornada: «¿Cuándo vamos a hablar de sexo?». Bueno, aquí va. El séptimo día, Dios descansó, así que en este séptimo día lo invitamos a tomarse un recreo de esto tan pesado, para enfocarnos en el tema del descanso y el esparcimiento que Dios preparó para un matrimonio estupendo.*

El sexo es el lugar que Dios ha reservado para que se exprese la unidad de un matrimonio de una manera única y tangible, porque dos cuerpos llegan a ser «una sola carne». En vista del importante y honroso lugar que Dios ha reservado para el sexo, y en vista del placer y dolor que puede traer, es bueno determinar lo que realmente es sexo saludable. Hay cosas que ustedes debe saber, porque son importantes para preservar y restablecer su conexión.

# El sexo saludable da a conocer más

En primer lugar, el sexo saludable se expresa *conociéndose el uno al otro en la más profunda intimidad con ausencia de temor, vergüenza, dolor o culpa.* En el sexo, es donde se expresa toda la vulnerabilidad; es un conocimiento del corazón, la mente el alma y la fortaleza de la otra persona. Veamos algunas de las cosas que ayudan a las parejas a conocerse realmente el uno al otro en las más profundas formas bíblicas.

*El sexo saludable es sexo que se comunica.* Buscamos *relación* en www.webster.com, y aquí está lo que encontramos: «(1) conexión o trato entre personas o grupos, (2) intercambio especialmente de pensamientos o sentimientos, (3) contacto sexual físico entre individuos que involucra los genitales de al menos una persona». Si las parejas sólo siguieran el diccionario, las cosas resultarían mejores para ellos: (1) tratarse el uno al otro de una manera que comunica, (2) intercambiar pensamientos y sentimientos, y (3) ¡manos a la obra!

*El sexo saludable se da libremente.* El sexo saludable ocurre cuando ambas partes sienten que están allí, en el acto, por su propia elección. Han dicho sí con su cuerpo y su corazón. El problema está cuando dicen sí con su cuerpo y no con su corazón. La relación sexual buena y satisfactoria es aquella en que ninguna persona es forzada a tener sexo cuando no lo desea, ni a realizar actos sexuales que no quiere.

*El sexo saludable es el sexo que acepta.* El buen sexo no es sexo experto, sino más bien sexo en que ambas personas se sienten aceptadas, exactamente donde están. *El buen sexo es sexo «libre de fracasos».* Da a cada uno la libertad de no hacerlo bien.

*El sexo saludable es divertido.* El sexo saludable no sólo es para la profunda comunión, sino también para diversión y esparcimiento. (Probablemente usted ya lo sabía). El sexo saludable implica conocer *todo* el uno del otro: cuerpo, corazón, mente, alma y fortaleza. Parte de eso es el acto físico: la pasión, el deseo y el unirse dos personas como «una sola carne».

Luego, está el sexo «almático» que viene de su personalidad, sentimientos, intereses y es la expresión de quien usted es en diversas maneras que son únicas para usted y su cónyuge. También existe el sexo que surge de conectarse intelectualmente, en la unión de sus mentes y sus creencias. Pero a veces el sexo es sólo el hambre física que tiene el uno del otro. Puede no ser el encuentro más profundo de sus corazón, pero está bien. Diviértanse, háganlo físico.

*El sexo saludable requiere comunicación.* Las parejas con mayor satisfacción son aquellas que se hablan el uno al otro sobre sexo: sobre sus necesidades, deseos, lo que les gusta y lo que no, temores, dolores, inseguridades, y lo que sea que surja en el cuadro. Pero abrirse el uno al otro requiere seguridad. Creen un espacio dónde comunicarse *acerca* del sexo aparte de comunicarse *por medio* del sexo. La meta es conocerse mejor el uno al otro.

## «Conocerse» el uno al otro es un proceso

Sexo significa «conocer» a alguien, y lleva tiempo conocer a una persona. Las parejas con vida sexual saludable se dan tiempo para poder conocerse mutuamente. Nunca suponen que saben todo de sí mismos o del otro, y siempre están aprendiendo. Se permiten el tiempo necesario para asegurarse de que ocurran buenas cosas. Si usted invierte tiempo en crecer juntos y sigue trabajando en su vida sexual, los resultados verdaderamente valdrán la pena.

# Piénselo, háblelo, vívalo

1. ¿Qué conceptos de sexo saludable adquirió usted de la definición de *relación* del diccionario citada en este capítulo?

   _____

   _____

   _____

2. ¿Cuál de las cinco afirmaciones de la lista titulada «El sexo saludable da a conocer más», que definen al sexo saludable, es más útil para usted? ¿Por qué?

   _____

   _____

   _____

3. Los animamos a agregar una sesión de «laboratorio» a este capítulo. Aparten tiempo sin interrupciones para compartir sus corazones y sus pensamientos, disfrutando de la intimidad que pueda resultar.

   _____

   _____

   _____

# Compromiso para un matrimonio estupendo

*Con la ayuda de Dios,*

*me esforzaré para conocerte mejor*

*en toda manera para que nuestra relación sexual*

*pueda ser más plena en todo sentido.*

_____

Firma

# DÍA 8

## Colmen a su cónyuge de gracia

*Ya van siete días en la clase de matrimonio pleno que usted siempre ha deseado. Por ahora, usted ha saboreado algunas de las recompensas, y también ha descubierto la clase de trabajo que requiere un matrimonio estupendo. No retroceda ahora. La sesión de hoy ayudará a brindar la gracia que necesitan para seguir creciendo juntos.*

La gracia es el favor inmerecido de Dios. No es una mejora de su relación; es su supervivencia misma. La mayoría de nosotros no nos damos cuenta de cuánta gracia necesitamos en nuestra relación matrimonial. Tenemos dentro un enorme espacio vacío que sólo la gracia llenará. La vida es difícil, y las relaciones amorosas llevan tiempo. Cada pareja necesita una gran ración de gracia para profundizar, reconectarse, correr riesgos, perdonar, aceptar, ser veraces, y ayudarse mutuamente para alcanzar la intimidad.

*21 días para lograr un matrimonio estupendo*
♡ ♡ ♡ ♡ ♡ ♡ ♡ ♡ ♡ ♡ ♡ ♡ ♡ ♡ ♡ ♡ ♡ ♡ ♡ ♡ ♡ ♡ ♡

Las parejas que son conscientes de su profunda necesidad de gracia están comenzando en el lugar correcto. *La necesidad que ambos tienen de gracia puede acercarlos emocional, personal y espiritualmente.* Deben llegar al final de ustedes mismos y admitir uno al otro que necesitan la gracia mutua todos los días y en todas formas.

## La tarea y el privilegio de dar gracia

Tome como tarea estar atento a la necesidad de gracia de su cónyuge. Aunque finalmente cada cónyuge es responsable de satisfacer sus necesidades, las mejores parejas siempre están interesadas en satisfacer las necesidades del otro. Estos dos consejos pueden ayudar.

*Sea cortés en el contenido y en el tono de lo que dice. Contenido* tiene que ver con hacer saber a su cónyuge con palabras que a usted le interesa, la amplitud de cuánto le interesa, y lo que valora de él. Por ejemplo: «Te amo»; «Mi vida es mejor por ti»; «Quiero que estemos más cerca»; «Lamento haberte herido»; «Te perdono». *Tono* es la manera en que habla. Cómo transmite las palabras es tan importante como lo que dice. Su tono debería ser cariñoso y cálido, consecuente con la gracia que está brindando.

*Sea un estudiante de su cónyuge.* La gracia es una necesidad universal, pero debe ser administrada en una manera sumamente individual y personal.

Observe a su cónyuge y logre conocerla para poder darle la gracia que ella necesita. Esto puede ser más trabajo para los hombres, porque a menudo no somos plenamente conscientes de todas las características de nuestra esposa. Pero vale la pena el esfuerzo de tomar conciencia. ¿Qué la hace feliz? ¿Qué la asusta? ¿Qué necesita oír a menudo? ¿Con qué sueña? Afírmela y apóyela en estas áreas, y bríndele la gracia según su vida y sus maneras.

## Inmerecido significa inmerecido

Usted y su cónyuge merecen gracia el uno del otro sobre la base de la necesidad, no sobre la base del desempeño. Esa es la verdadera gracia (Efesios 2:8-9). Nuestra tendencia natural es dar amor cuando nuestro cónyuge actúa cariñosamente hacia nosotros y retener el amor cuando se desconecta de nosotros. Esta tendencia coloca su relación bajo la ley, y una relación basada en la ley nunca experimentará la gracia. Una de las cosas que más conectan que aprenden las parejas es proveer gracia aunque su cónyuge no la ha ganado ni la merece.

Por ejemplo, cuando ella ha sido criticona e hiriente, usted puede decir: «Lo que dijiste realmente me molesta. Parte de mí quiere alejarse ahora mismo. Pero sé que necesitamos hablar de esto y arreglarlo. No quiero que esto se meta entre nosotros». Es fácil hacer lo contrario y protestar: «Yo soy la parte herida aquí. Es su deber pedirme perdón y cambiar». Esa postura arruinará su relación. Salga de la orientación de la ley, y alcance gracia a su cónyuge dando el primer paso para acercarse a ella. Esté para ella, esté para la relación, y enfrente el problema para poder resolverlo y acercarse mutuamente.

Y cuando no pueda encontrar en su interior la gracia para dar, consígala afuera de usted. Dios da gracia en su relación con Él. Otras personas también son una gran fuente de la gracia que necesitamos para las relaciones, mientras nos comprometemos a «administrar fielmente la gracia de Dios en sus diversas formas» (1 Pedro 4:10). Admitir nuestra necesidad y llenar nuestro vacío de buenas fuentes es muy distinto de nuestra tendencia natural a «hacer lo posible», «exprimir», y «comprometerse más». Es mucho mejor recibir, experimentar, y prodigar gracia.

# Piénselo, háblelo, vívalo

1. Busque Efesios 2:8-9 en su Biblia y lea estos versículos cuidadosamente. ¿Qué semejanzas encuentra entre la gracia de Dios para salvación y la gracia que usted debería prodigar a su cónyuge?

_____

_____

_____

2. ¿Cómo calificaría su éxito en ser misericordioso con su cónyuge tanto en el contenido como en el tono de lo que dice?

_____

_____

_____

3. Escriba una breve oración pidiendo a Dios que lo llene con su gracia para su cónyuge. Si su cónyuge también escribe una oración, tomen tiempo juntos para ofrecer las dos oraciones a Dios en voz alta.

_____

_____

_____

♡ ♡ ♡ ♡ ♡ ♡ ♡ ♡ ♡ ♡ ♡ ♡ ♡ ♡ ♡ ♡ ♡ ♡ ♡ ♡ ♡ ♡

## *Compromiso para un matrimonio estupendo*

*Con la ayuda de Dios,*

*lucharé para ser un mayor proveedor*

*de gracia en tu vida*

*por medio de lo que digo*

*y satisfaciendo tus necesidades únicas.*

---

Firma

# DÍA 9

## Enfóquese en satisfacer primero las necesidades

*¿Todavía se pregunta si se puede lograr en su matrimonio algo realmente significativo y duradero en sólo veintiún días? ¿Los capítulos anteriores han suscitado problemas que han sido difíciles o hasta dolorosos de tratar? Espere. Todo eso es parte del desarrollo de su matrimonio hacia la grandeza.*

Algunas parejas descarrilan en el trayecto hacia el matrimonio estupendo porque no comprenden la diferencia entre una necesidad, un deseo y una preferencia. Si los cónyuges fracasan en distinguir entre lo que realmente necesitan y lo que desearían tener, se desconectarán respecto a temas que no deberían ser obstáculos en la relación, o se esforzarán en las cosas equivocadas y por tanto ignorarán las verdaderas necesidades que hacen prosperar la relación de cada día.

## Necesidades, deseos y preferencias

¿Qué necesita uno realmente en el matrimonio? Una verdadera necesidad es algo cuya falta produce daño. Por ejemplo, ustedes necesitan alimentos, agua y un refugio para sobrevivir físicamente. Si estas necesidades no son satisfechas, podrían morir. De igual manera, tenemos necesidades relacionales básicas que, si no se satisfacen, pueden causar estragos en una relación matrimonial.

Luego, existen muchas cosas que deseamos pero que en realidad no necesitamos en el matrimonio. Pueden ser esenciales para cierta clase de satisfacción, diversión, o calidad de vida, pero podemos vivir sin ellas y no sufrir ningún daño. Las preferencias son como los deseos. Tienen que ver con la manera ideal en que querríamos que las cosas fueran, pero ellas no siempre son como quisiéramos.

En realidad, las relaciones tienen ciertas necesidades universales, y deberíamos enfocarnos primero en ellas. Los deseos y preferencias quedan mucho más abajo en la lista. Si se concentran primero en las necesidades genuinas de su relación, podrán buscar esas otras áreas de plenitud como beneficios extra, ya que usted y su cónyuge tendrán la clase de comunicación que los capacita a ambos para desarrollarse hacia niveles más altos.

## ¿Cuáles son nuestras verdaderas necesidades?

Aquí tenemos algunas de las necesidades relacionales universales y básicas que hemos encontrado.

*Conexión emocional.* La empatía, el apoyo, la atención, el escuchar, el comprender, y el confiar, son todos parte de lo que crea una conexión emocional. Es la sensación básica de estar presente uno con el otro de una manera que termina con el aislamiento, el distanciamiento y la soledad.

*Libertad.* El amor solamente se desarrolla en una atmósfera de libertad. Donde hay control, manipulación, o incapacidad de tener una identidad aparte de su cónyuge, el amor muere. Ustedes tienen una real necesidad de liberarse el uno al otro de toda clase de control.

*Perdón.* Todos somos pecadores, y pecar significa que no alcanzamos la marca de la perfección. Va a ocurrir en toda relación: ésa es la realidad. Si se castigan mutuamente por los fracasos y no se perdonan, su relación se dañará y morirá.

*Seguridad.* Para que el amor crezca, necesitamos saber que el amor de nuestro cónyuge es seguro, incondicional y para siempre. Esa es una de las razones más importantes por la cual la Biblia requiere un matrimonio para toda la vida. Es esencial un compromiso que preserve la relación a través de todo.

*Ser deseado.* Desde la infancia tenemos necesidad de saber que las personas con quienes estamos quieren estar con nosotros. Aprenda qué es lo que hace que su cónyuge se sienta así deseado, y luego actúe en base a lo que aprendió.

*Expresión física.* Los seres humanos necesitamos ser tocados, abrazados, acariciados y cuidados físicamente. Además, el matrimonio necesita una relación sexual plena. Como otros aspectos del contacto, el sexo debe ser respetuoso, correspondido, aceptado, deseado, seguro y libre.

*Tiempo.* Ninguna relación satisface perfectamente las necesidades de cada persona desde el principio. Lleva tiempo desarrollar amor, madurez, y cultivar una relación.

## Siga dando importancia a las cosas importantes

No se involucren en peleas respecto a sus deseos. Ocúpense de ellos y traten de cumplir tantos como les sea posible. Pero *sí concéntrense en satisfacer sus necesidades.* Aprendan a comunicarlas, edúquense recíprocamente en eso, defiéndanlas, atiéndanlas, crezcan en su mutua capacidad para satisfacerlas, y hagan todo lo que puedan para asegurarse de que las están satisfaciendo.

En conjunto, vale la pena luchar *por* estas necesidades, no *a causa de* ellas. Si ustedes luchan a causa de ellas, probablemente no estén respetando alguna. Pero cuando ustedes luchan *por* ellas, van camino a satisfacerlas.

# Piénselo, háblelo, vívalo

1. Vuelva a mirar más arriba la lista parcial de necesidades universales. ¿Qué necesidad de su cónyuge siente que está satisfaciendo adecuadamente? (Si no está seguro, ¡pregunte!) ¿En cuál necesidad de su cónyuge necesita invertir más tiempo y esfuerzo para satisfacerla? (Otra vez, si no está seguro, pregunte.)

   _____

   _____

   _____

2. ¿Qué podría hacer para aprender a comunicarle mejor sus verdaderas necesidades a su cónyuge?

   _____

   _____

   _____

3. Deje un mensaje escrito para que su cónyuge lo encuentre hoy, completando la siguiente oración: «Gracias por satisfacer mi necesidad de...». También considere dejar un pequeño regalo en agradecimiento junto con la nota.

   _____

   _____

   _____

♡ ♡ ♡ ♡ ♡ ♡ ♡ ♡ ♡ ♡ ♡ ♡ ♡ ♡ ♡ ♡ ♡ ♡ ♡ ♡ ♡ ♡ ♡

# *Compromiso para un matrimonio estupendo*

*Con la ayuda de Dios,*

*Voy a desarrollar mi capacidad*

*de discernir y satisfacer*

*tus verdaderas necesidades*

*mientras también me esfuerzo*

*para cumplir tus deseos y preferencias.*

_____

Firma

# DÍA *10*

## Sean compañeros, no «dependientes»

*«No estoy completo sin ti.» «No puedo lograrlo sin ti.»*
*¿No le suena como la letra de las canciones de amor que*
*ha escuchado? Expresiones como éstas hacen que las pare-*
*jas se sientan dependientes el uno del otro, completos, y*
*se alegren de no estar solos. La dependencia y el amor*
*parecen fusionarse en uno. Pero ¿son lo mismo? Hoy lo*
*averiguaremos.*

Hay una enorme diferencia entre el amor y la dependencia, y esa diferencia puede tener un gran impacto en su matrimonio. El amor se preocupa por alcanzar a la otra persona, adoptando una postura para beneficio de la otra persona. La dependencia es el estado de necesitar a la otra persona para estar completo y seguro. Percibe al otro como un recurso que satisface su necesidad en vez de una persona por derecho propio, con su propio punto de vista y sus necesidades.

En una relación matrimonial saludable, una persona no toma la responsabilidad primaria por el otro. Ésa postura describe una relación padre-hijo, y no es saludable en el matrimonio. En cambio, los cónyuges deben caminar juntos como iguales en vida y crecimiento. Cada uno sigue siendo responsable de su propia vida y bienestar.

## La dependencia en la relación amorosa

Muchos problemas pueden surgir en una relación donde la dependencia de un cónyuge no ha sido resuelta.

*Incapacidad de amar.* El amor verdadero es imposible cuando una persona es dependiente de su cónyuge. Su necesidad es tan grande que está más interesado en su supervivencia que en su cónyuge. Esto contribuye a una relación falta de equilibrio en la cual las necesidades amorosas no son satisfechas equitativamente.

*Problemas de separación y diferencia.* Las personas dependientes no disfrutan de las diferencias de opinión, los conflictos y discusiones saludables que ayudan a generar el amor y respeto mutuos. Cualquier sensación de separación o diferencia hace que el cónyuge dependiente se sienta abandonado y solo.

*Desplazamientos del poder.* A menudo, la persona dependiente confiere un enorme poder a su cónyuge, lo cual afecta el equilibrio y la reciprocidad de la relación. Los cónyuges dependientes abdican el control y las decisiones para evitar las diferencias y el distanciamiento en la relación, lo cual conduce a grandes problemas.

*Problemas de libertad.* El cónyuge dependiente es amenazado por la libertad de su pareja y percibe las decisiones de ésta como si lo privaran de su amor y fidelidad.

*Conflictos pasionales.* La dependencia crea conflictos en el sexo y el romance, ya que la persona dependiente está más interesada en sus propias necesidades, y deja insatisfecho a su cónyuge.

## Crecer desde la dependencia

Aquí tenemos varias claves para crecer desde la dependencia hasta ser cónyuges adultos, felices y seguros.

*Dar lugar a que la dependencia madura.* La dependencia de una infancia inconclusa debe ser resuelta y completada. Un buen grupo pequeño, un grupo de apoyo o un consejero podrían ser la respuesta. De esta forma, la persona que lucha con la dependencia puede encontrar ayuda y aliento para transformarse en completa, sana e independiente por derecho propio.

*Fomentar los riesgos y la autonomía.* Cuando la persona dependiente camina por sí misma, afirma y apoya su decisión. Permítale decir lo que piensa, confrontar, enojarse, y hacer cosas sin usted, y hágale saber que no la ama menos por hacer eso.

*Confrontar patrones.* Cuando alguno de ustedes note las señales de advertencia de la dependencia, actúe. De una manera amable pero directa, diga: «Cuando te pusiste furioso porque quería salir por la noche con mis amigas, me sentí reprimida. Eso no es bueno para ninguno de nosotros. Hablemos sobre cómo ambos podemos disfrutar actividades saludables independientemente uno del otro».

*Permanecer fuera de la zona de comodidad.* Hay comodidad en la dependencia, porque tiende a evitar los desacuerdos o conflictos entre los cónyuges. Pero deben salir de esta zona de comodidad y enfrentar el problema, ya que puede provocar que la relación se torne aburrida, nociva, asfixiante, y dominante.

*No tenga temor de necesitar.* Al mismo tiempo, no piense que decir: «Te necesito» está mal o es nocivo. Realmente es bueno para los dos necesitar uno del otro. Simplemente debe comprender a qué necesidad se refiere. La dependencia problemática dice: «Te necesito para sobrevivir, ser feliz, no estar solo, sentirme bien conmigo mismo». Pero la dependencia saludable y que da apoyo dice: «Te necesito para que seas mi tierno compañero, para que estés para mí como lo estoy para ti, para que me ayudes a crecer».

# Piénselo, háblelo, vívalo

1. ¿De qué manera, si la hay, tiene una nociva dependencia de la gente en general? ¿Y de su cónyuge en particular?

   _____

   _____

   _____

2. Si usted reconoce en usted mismo evidencias de una dependencia nociva, ¿qué pasos daría para tratarlas?

   _____

   _____

   _____

3. Redacte una oración de dependencia saludable para compartir con su cónyuge. O, si lo prefiere, redacte una que represente la codependencia del uno hacia el otro.

   _____

   _____

   _____

   _____

# Compromiso para un matrimonio estupendo

*Con la ayuda de Dios,*

*voy a resistir la dependencia nociva de ti*

*y voy a ayudar a nutrir*

*una dependencia saludable y mutua*

*como cónyuges iguales.*

---

Firma

10

# DÍA *11*

## Valoren las diferencias saludables

*Ya se encuentra a mitad de camino en su trayecto hacia un matrimonio estupendo. ¿Se siente realizado? ¿Se siente más confiado y esperanzado que cuando comenzó? ¿Todavía es escéptico o dubitativo? Ha llegado lejos, así que también puede abrirse paso hacia la segunda mitad. Confiamos en que se alegrará de hacerlo.*

Todos hemos estado cerca de una pareja tan semejante que parecen ser las dos caras de la misma moneda. Sus intereses, personalidades, opiniones, y hasta su estilo de ropa están sincronizados. Sin embargo, hasta los cónyuges «agemelados» son diferentes el uno del otro en algún aspecto dado. Ésa es la naturaleza de la individualidad. Los individuos son de intrincado diseño y forma (Salmo 139:13-14). Dios nos creó para que fuéramos diferentes y únicos, no cortados con un molde.

El amor inmaduro busca la uniformidad y la semejanza. Por esa razón los cónyuges a menudo son atraídos primero por los intereses, gustos, aversiones y preferencias similares. Pero cuando la relación se desarrolla, el amor maduro debería suplantar al amor inmaduro. En vez de sentirse amenazado por sus diferencias, crece para disfrutarlas. Su vida y perspectiva se amplían y extienden con las opiniones y experiencias diferentes de su cónyuge.

## Estilos decididamente diferentes

Las parejas son diferentes de muchas maneras. Aquí tenemos sólo algunos ejemplos.

*El que siente y el que piensa.* El que siente, primero vive la emoción y después analiza, mientras que el que piensa vive en un mundo lógico. Con frecuencia, el que siente, lo percibe como pueril; y al que piensa como adulto. Pero los que sienten también pueden ser adultos maduros, sumamente responsables que simplemente tiene una naturaleza emocional.

*Extrovertidos e introvertidos.* El extrovertido saca energía de estar rodeado de gente, mientras que el introvertido tiende a la soledad y a tener menos contactos sociales.

*Tipos activos y reflexivos.* Algunas personas tienen empuje e iniciativa, así que prefieren vacaciones de aventuras, exploración y riesgos. Otros son más tranquilos y, por el contrario, preferirían relajarse, y pasar tiempo libre holgazaneando en una hamaca paraguaya leyendo una novela.

Nutrir un matrimonio estupendo incluye alentarse, apreciarse, y conectarse mutuamente. Cuando usted apoye los estilos individuales y las preferencias de su cónyuge, él sentirá que le da una gran valoración, amor y comprensión.

Tenga cuidado con la tendencia a hacer de sus propias opiniones y estilos un asunto moral. No existe una «manera correcta» entre diferencias como las de los que piensan y los que sienten. Como pareja, no acepten moralizar los estilos de cualquiera de los dos, pero muévanse para darles cabida. Manténgase abierto, apreciativo e incluso protector de la individualidad de su cónyuge.

# Desháganse de las diferencias destructivas

Ciertos tipos de diferencias que no son sólo cuestiones de estilo o preferencia, son verdaderos problemas, y tienen efectos negativos en la relación. Las diferencias destructivas no son lo mismo que las diferencias de estilo. Surgen del quebrantamiento de una persona, el bagaje del pasado, la inmadurez, o los problemas de carácter. Las parejas saludables que crecen siempre tendrán diferencias de estilo, pero un mínimo de diferencias destructivas.

Éstas son varias diferencias que resultan destructivas en un matrimonio: indiferencia, irresponsabilidad, control, crítica y juicio, manipulación, egocentrismo, cólera, mensajes de culpa, decepción, adicciones y violencia Y aquí tenemos algunas formas de identificar estas diferencias.

*Cortan el amor y la confianza.* Las diferencias destructivas arruinan la intimidad. Usted no puede confiar, sentirse seguro, o ser totalmente vulnerable con alguien que no es sincero, digno de confianza, o que no tiene control de sí mismo.

*Reducen la libertad.* Las diferencias destructivas no dejan libre al otro cónyuge para que decida y diga la verdad. Ella a menudo se siente como si tuviera que caminar sobre cáscaras de huevos alrededor de su cónyuge porque no desea molestarlo por «ser quien es él».

*Son acerca de «mí», no de «nosotros».* Las diferencias destructivas también tienden a ocasionar que un cónyuge se concentre en tratar con la persona que las tiene. El otro cónyuge se encuentra a sí mismo preocupándose por ellas, tratando de arreglarlas, o teniendo que protegerse de las mismas.

Si su matrimonio exhibe cualquiera de estas conductas, es necesario que tomen una decisión. Hagan frente a estas diferencias destructivas. Dígale a su cónyuge que no tolerará la manera en que afectan la relación. Es una buena señal si él muestra interés por ellas y desea tratarlas, puesto que existe mucha ayuda disponible, tal como grupos pequeños, contextos e iglesias de crecimiento espiritual saludable, y terapia. Y el problema es bastante superable; así que no se rinda, sino haga una alianza con su cónyuge para tratar las diferencias destructivas.

# Piénselo, háblelo, vívalo

1. Mencione dos o tres diferencias saludables entre usted y su cónyuge. ¿De qué manera estas diferencias mejoran su relación?

   _____

   _____

   _____

2. ¿Qué diferencias potencialmente destructivas ve en su relación, si las hay?

   _____

   _____

   _____

3. Enumere una o dos maneras en que puede estimular sus diferencias saludables, y una o dos formas en que puede alejar o eliminar cualquier diferencia destructiva.

   _____

   _____

   _____

   _____

   _____

♡ ♡ ♡ ♡ ♡ ♡ ♡ ♡ ♡ ♡ ♡ ♡ ♡ ♡ ♡ ♡ ♡ ♡ ♡ ♡ ♡ ♡

# Compromiso para un matrimonio estupendo

*Con la ayuda de Dios,*

*voy a celebrar y estimular*

*las maneras saludables en que somos diferentes,*

*y me comprometo a confrontar*

*las diferencias destructivas que puedan surgir.*

---

Firma

11

# DÍA *12*

## Compartan sus sentimientos

*«¿Cómo se supone que yo iba a saber que no querías ir?,»*
*dice uno de ustedes, refiriéndose al resentimiento del otro*
*al ir donde los suegros para los días de fiestas. ¡Uy!, algu-*
*nos sentimientos no logran comunicarse, y se hieren los*
*sentimientos de alguien. Hoy queremos mostrarle cómo evi-*
*tar que esto suceda.*

Algunos cónyuges lentamente dejan de comunicarse
lo que realmente piensan y sienten, y se alejan más
y más uno del otro emocionalmente. Y con frecuencia, cuando se descubren los sentimientos escondi-
dos es demasiado tarde. Examinemos varias razones
por las cuales en primer lugar se frena el compartir
y cómo ocurre el distanciamiento en la relación.

*Compartir no es seguro.* Muchas parejas encuentran que cuando comparten lo que hay en su corazón,

en su relación ocurren cosas malas como ponerse a la defensiva, atacar, culpar, juzgar, escaparse, enojarse y otras. No se sienten seguros, así que dejan de hacerlo.

*Antiguos temores les impiden compartir.* A algunas parejas, las cosas que traen al matrimonio les impiden compartir. Acarrean temores de experiencias pasadas que les han enseñado que compartir su corazón puede conducirlos al abandono, la crítica, el rechazo, el abuso, la desaprobación, el enojo, la escalada del conflicto, la ruptura de la relación, el retraimiento, ataques o juicio. De modo que retroceden, y la intimidad se resiente.

*Carecen de capacidad o experiencia.* Algunas personas no crecieron en familias que se comunicaban bien, o de lo contrario no aprendieron cómo es la verdadera comunicación sincera. Pueden compartir con su cónyuge cuando hay poca amenaza o dificultad. Pero cuando los ánimos se exaltan y los problemas son difíciles, simplemente no saben cómo compartir lo que sienten.

*Creen que sus deseos y necesidades no son importantes.* A muchas personas se les ha enseñado que sus deseos no importan, son egoístas, o tiene muy poca o ninguna posibilidad de cumplirse. Así que se cierran para no sentir ni comunicar esas cosas.

Cualquiera sea la razón, esconder sus sentimientos no sólo es deshonesto, sino que puede dañar su matrimonio con mentiras e incomunicación. Debe aprender a admitir y a compartir sus sentimientos.

♡ ♡ ♡ ♡ ♡ ♡ ♡ ♡ ♡ ♡ ♡ ♡ ♡ ♡ ♡ ♡ ♡ ♡ ♡ ♡ **♡**

# Consejos para la franqueza emocional

La intimidad consiste simplemente en abrir juntos su corazón. Aquí tiene algunos consejos sobre cómo restablecer su comunicación.

*Deje de dar rodeos*. La mayoría de las personas no miente abiertamente; sólo le dan vueltas a la verdad un poco para mantener la paz. Suena como esto: «Lo que tú quieras está bien»; «No, no estoy enojado»; «No me molestó en absoluto». La sinceridad significa no cubrir la verdad con azúcar sino decirla tal como es.

*Sea directo*. No se ande con rodeos; comuníquese directamente. Aprenda a decir: «Quiero…»; «Siento…»; «Yo creo…», «No me gustó cuando…»: «Prefiero…», etc. Las afirmaciones en primera persona atraen a su cónyuge. Son expresiones directas del corazón.

*Enfrente sus temores*. Si usted no es directo y sincero sobre sus sentimientos, probablemente tenga temor de algo, quizás de su cónyuge. Enfrente sus temores y sea franco con su cónyuge. Cuando lo haga, puede encontrar que ha solucionado el problema y que su pareja es capaz de manejar la verdad mejor que lo que usted temía.

*Diga más con menos*. Una mujer a quien yo (Henry) aconsejé estaba teniendo problemas para comunicarse con su novio, causando que él evadiera el compromiso con ella. Le asigné una tarea que me gusta dar a muchas personas: «Diga lo que quiere decir en un tercio de las palabras». Estaba dando rodeos, perdiéndose tanto en palabras que lo que realmente quería decir se perdía. Lo intentó, y acabaron casados y felices.

*Permita que su cónyuge tenga su propia reacción.* Usted no puede controlar la reacción de su cónyuge hacia lo que usted comparte, y no es responsable por eso. La intimidad surge del riesgo de decir la verdad y permitir que su cónyuge responda de la manera que lo haga.

*Confronte las razones por las que no puede hablar.* Busque las cosas que dificultan la sinceridad, tal como el juzgar, estar a la defensiva, el desdén, la indignación, la vergüenza, el enojo, el reaccionar, el cerrarse o la culpa. Enfrente las maneras en que ustedes dos responden. Comience con la pregunta: «¿Qué hago para hacer que te sea difícil ser sincera conmigo?».

*Que el problema sea el problema, no su cónyuge.* Muchas desconexiones podrían prevenirse con sólo que las parejas aprendieran un principio: Hablen del problema en vez de desprestigiar el carácter y la personalidad de su cónyuge. Por ejemplo, cuando su cónyuge llega inesperadamente tarde, no diga: «Eres tan egoísta e irresponsable». Un enfoque más sincero y directo es: «Necesito que me llames cuando vas a llegar tarde». Enfrentar un problema específico, sin atacar violentamente a su cónyuge en el proceso, transmite información útil para resolver el problema.

♡ ♡ ♡ ♡ ♡ ♡ ♡ ♡ ♡ ♡ ♡ ♡ ♡ ♡ ♡ ♡ ♡ ♡ ♡ ♡ ♡ ♡ ♡ ♡

# Piénselo, háblelo, vívalo

1.  ¿Cuándo se ha sorprendido su cónyuge por sus sentimientos cuando usted pensaba que los estaba comunicando claramente? ¿Cuándo lo ha sorprendido su cónyuge igualmente?

    _____

    _____

    _____

2.  ¿Puede identificarse personalmente con una o más de las razones por las que la gente esconde sus sentimientos, como se afirmó en este capítulo? Explíquelo y dé un ejemplo.

    _____

    _____

    _____

3.  ¿Cuáles de los consejos para la franqueza emocional tiene usted más necesidad de poner en práctica? ¿Cómo lo hará?

    _____

    _____

    _____

    _____

# Compromiso para un matrimonio estupendo

*Con la ayuda de Dios,*

*mejoraré mi capacidad para compartir*

*mis sentimientos abierta*

*y sinceramente contigo.*

---

Firma

*12*

# DÍA *13*

## Controlen los obstáculos a la comunicación

*Creemos que el Día 13 puede ser afortunado para usted en cuanto a mejorar su conversación y conexión como pareja. Al continuar leyendo, obtendrá algunos consejos prácticos para mejorar su comunicación y su matrimonio.*

Cuando los cónyuges crecen en su habilidad para comunicarse entre sí, es como si construyeran un puente para compartir mutuamente sus sentimientos profundos y sus vidas. El problema es que muchos de los que llamamos obstáculos de la comunicación pueden dinamitar ese puente, dejando a los cónyuges enojados, heridos, distanciados, y solos. Aunque nadie se comunica perfectamente, algunos lo hacen peor que otros. Permanentemente dicen cosas que no sólo no sirven para ayudar, sino que empeoran la situación. Muchos lo hacen sin darse cuenta, y seguramente sin percatarse de que existe una manera mejor. Pero existe.

# Encuentre y quite los obstáculos a su comunicación

La siguiente lista es una guía para saber lo que no debe hacer cuando trata de comunicarse con su compañero. Apréndala bien, y también aprenda a darse cuenta *antes* de hacerlo. Si puede evitar estos doce obstáculos a la comunicación, estará llevando la delantera en el trayecto hacia la construcción de un puente duradero entre ustedes.

1. *No subestime lo que dice su compañero*. No importa lo que usted piense al respecto, cuando su pareja diga algo, tómelo seriamente. Trate con respeto a su cónyuge. Realmente escuche, no solamente oiga las palabras.

2. *No minimice*. Cuando su cónyuge cree firmemente algo, o piensa que algo es significativo, usted tiene que relacionarse con ese sentimiento, no tratar de cerrarse diciendo algo así como: «No está tan mal».

3. *No se ponga a la defensiva*. Estar a la defensiva es cuando usted trata de repeler algo que le hace sentir mal. Su enojo defensivo, sus mohines, las excusas, justificaciones, y movimientos similares todos ayudan a que su cónyuge se cierre. Así que escuche a su compañero, asimile lo que dice, y acéptelo.Hacer eso significa que usted ama a su cónyuge.

4. *No critique ni subestime a su compañero*. Las quejas expresadas con un espíritu crítico no

resuelven los problemas como lo hace la crítica u opinión constructiva. La crítica menoscaba a la otra persona y la hace sentir mal consigo misma. Así que diga lo que debe decir de una manera que no sea un desaire o una difamación.

5. *No reaccione exageradamente ni aumente la tensión.* Cuanto más emocionales son los temas, más tendemos a ser reactivos y a estar a la defensiva. Algunas personas se cierran, se alejan, o pelean, mientras que otras tienden a perder la comunicación, la racionalidad, y el buen criterio. Aprenda a reconocer su patrón de reacción, y cuando ocurra, tómese un descanso hasta que se tranquilice.

6. *Evite las afirmaciones y conductas cerradas.* Afirmaciones cerradas son las cosas que usted dice cuando está furioso, herido, o abrumado, y estas declaraciones bloquean totalmente la comunicación. Aquí tenemos algunos ejemplos: «¡Bien!» (cuando no está bien); «¡Nada!» (cuando es algo); «¡No importa!» (cuando sí importa); el tratamiento del silencio; irse.

7. *No traslade la culpa.* Trasladar la culpa significa tratar de eludir la responsabilidad por su propia conducta explicar convincentemente que en realidad fue provocada por la conducta de su compañero. Responder a la crítica u opinión constructiva con un contraataque siempre dinamita la relación.

8. *Evite el sarcasmo.* El sarcasmo comunica desdén y falta de respeto, cerrando los corazones y haciendo girar las cosas hacia la dirección equivocada.

9. *Evite afirmaciones extremas y globales*. Tales afirmaciones («tú siempre», «tú nunca», etc.) no son verdaderas ni útiles. Solamente dejan a la otra personas juzgada y sintiéndose mal.

10. *No salte inmediatamente a su punto de vista*. La conversación saludable consiste en dar y recibir. Pero algunas personas no se comunican porque toman un comentario como señal para hablar solamente de su postura sobre las cosas. Se deja a la otra persona esperando.

11. *No trate de arreglarlo*. Muchas veces, un problema que involucra sentimientos no puede arreglarse hasta que esos sentimientos son escuchados y comprendidos. Otras veces, lo necesario no es arreglar el problema sino escuchar y comprender.

12. *No se ponga «muy mal»*. Algunas personas se ponen «muy mal» cuando toman la crítica u opinión constructiva como una crítica negativa y se defienden adoptando el papel de víctimas. La declaración de una necesidad por parte de uno de los cónyuges lanza al otro en una triste diatriba: «No importa lo que haga, no puedo agradarte. Nada de lo que hago es lo suficientemente bueno. Simplemente soy un mal esposo».

Procuren ayudarse el uno al otro a tener cuidado con estos doce obstáculos a la comunicación. Hagan de esto un proyecto. Inventen una señal, si es necesario, por medio de la cual uno pueda decirle al otro cuando esté sucediendo.

# Piénselo, háblelo, vívalo

1. Cuándo oye el término cerrarse, ¿qué interacciones o patrones de comunicación recientes recuerda?

   _____

   _____

   _____

2. ¿En cuáles de los doce obstáculos a la comunicación necesita trabajar más? ¿Cuál es su plan de acción? Sea específico.

   _____

   _____

   _____

3. Busque y lea estos versículos en su Biblia: Proverbios 18:13 y 20:5. Resuma por escrito lo que le dicen estos versículos a usted personalmente.

   _____

   _____

   _____

   _____

# Compromiso para un matrimonio estupendo

*Con la ayuda de Dios,*

*voy a eliminar conscientemente*

*los obstáculos a la comunicación que uso*

*a fin de facilitar la construcción*

*de un sólido puente de conexión entre nosotros.*

---

Firma

**13**

# DÍA *14*

## Capten el corazón de su cónyuge

*Hoy se encuentra a dos tercios de camino en su trayecto hacia un matrimonio estupendo. Realmente está logrando algo de valor duradero. Continúen invirtiendo el uno en el otro. Sigan hablando en profundidad y orando juntos con fervor. Y continúen poniendo en práctica estos principios diariamente. ¡No lo lamentarán!*

Una de las claves más poderosas para una relación estrecha y apasionada en el matrimonio, constituye también una de las cosas menos naturales y antiintuitivas que usted haya hecho. Se denomina validación, y se refiere a su habilidad para comprender y empatizar con los sentimientos y experiencias de su cónyuge, *especialmente cuando su punto de vista no es el de él.*

La validación es todavía más importante cuando su cónyuge ve en su propia conducta algo negativo que usted no ve como negativo. Tiene que ver con captarlo y ayudarlo a sentir que en verdad lo escucha profundamente. Es hacerle saber que usted realmente comprende sus sentimientos. Proverbios 20:5 dice: «Los pensamientos humanos son aguas profundas; el que es inteligente los capta fácilmente». Cuando usted ayuda a su cónyuge a expresar sus sentimientos y a ser comprendido, está captándolo.

## ¿Por qué validación?

La validación es necesaria en las relaciones porque todos necesitamos ser escuchados y comprendidos. Realmente no avanzamos hacia la resolución de los conflictos cuando no sentimos que hemos sido comprendidos.

Piense en la última discusión que tuvo con su cónyuge. Cuando usted estaba tratando de comunicar sus sentimientos, ¿su cónyuge minimizó, desechó o simplemente no entendió lo que usted le decía? ¿Cómo fue eso para usted? ¿Cómo afectó eso su capacidad y deseo de oír el punto de vista de su cónyuge? Seguramente, el no recibir la validación de su pareja desconectó las cosas todavía más.

Cuando las parejas aprenden a validar cada uno las experiencias del otro, sienten que su cónyuge vuelve a ser parte de su vida. Ya no se sienten solos.

Un buen ejemplo es cómo manejar esos momentos cuando usted comete ese error común de bromear sobre la cosa equivocada en el momento equivocado, hiriendo los sentimientos de su cónyuge frente a sus amigos. La validación sonaría algo así como: «Lo siento, cariño. Eso debe haber sido incómodo para ti». El elemento esencial es que usted está tratando de comprender cómo fue la experiencia desde la perspectiva del otro.

La validación no tiene nada que ver con que usted esté de acuerdo o no con su cónyuge. Validar los sentimientos de su cónyuge como importantes y reales para él no significa que usted acepte su punto de vista como verdad y realidad. Un punto de vista es una cosa; la realidad es otra, y es necesario tratarlos por separado. La validación viene primero, y luego la realidad. Las personas están mucho más abiertas a oír los hechos después de que su punto de vista ha sido validado.

## El trabajo de validación

La validación no es natural; requiere trabajo. Aquí vamos a enumerar la clase de trabajo que les ayudará a usted y a su cónyuge a validarse mutuamente.

*Salga del camino.* Aprenda a dejar en suspenso su propio punto de vista, y poner a un lado su manera de ver las cosas a fin de dar lugar a los sentimientos y experiencias de su cónyuge. Abandone el intento de ser visto como bueno, inocente o justo, y dispóngase a soportar algunos sentimientos de enojo de su cónyuge sin responder de la misma manera.

*Primero busque empatizar.* Cuando su cónyuge está molesto, enojado, o herido, primero piense en comprender cómo se está sintiendo y por qué. No cometa el error de insistir en ser oído pero no escuchar realmente a su cónyuge. La empatía tiene que ir en ambas direcciones.

*Pregunte, no responda.* Cuando usted valide a su cónyuge, pregúntele más sobre su experiencia. Llegue hasta el dolor y las emociones. No trate de solucionar el problema o arreglarlo. Eso puede venir después. En vez de decir: «Bueno, te sentirás mejor después», diga: «Eso sueno feo; cuéntame más». Usted está construyendo un puente sólido, adaptable y seguro con su cónyuge, para resolver no sólo este conflicto, sino también los conflictos futuros.

*Verifíquelo.* Cuando su cónyuge explique su punto de vista, pregúntele si usted entendió su experiencia. Puede guiarlo y hacerle saber si está equivocado. Y aunque lo esté, probablemente apreciará que usted esté haciendo un verdadero esfuerzo para relacionarse con su experiencia y su perspectiva.

*Viva con la tensión de la infelicidad.* Tenemos tendencia a desear un final feliz, y rápido, especialmente cuándo nuestro cónyuge está molesto con nosotros. Las parejas que se aman bien y profundamente aprenden a sobrellevar los sentimientos de descontento de su cónyuge. Los sentimientos requieren tiempo para resolverse, y no pueden precipitarse. Sea paciente, esté presente y empatice. Los sentimientos de descontento de su cónyuge no durarán mucho. Soporte el largo trayecto.

# Piénselo, háblelo, vívalo

1. ¿Su cónyuge está recibiendo validación de su parte? Dé evidencia que lo apoye de un desacuerdo o discusión reciente.

_____

_____

_____

2. ¿Qué le impide dar libre y continuamente a su cónyuge el regalo de ser simplemente escuchado y comprendido?

_____

_____

_____

3. Complete la siguiente oración escribiendo: Cuando tengo la sensación de que realmente estás escuchando y tratando de comprender mis experiencias y sentimientos, eso me hace sentir... Dediquen tiempo hoy a leerse el uno al otro sus oraciones completas.

_____

_____

_____

# Compromiso para un matrimonio estupendo

*Con la ayuda de Dios,*

*buscaré mejorar mi habilidad*

*para validar tus sentimientos y experiencias*

*aunque no esté de acuerdo con ellos.*

_____

Firma

# DÍA 15

## Lleven el sexo más allá del dormitorio

*Aquí tenemos otro principio estratégicamente ubicado en su trayecto que le ayudará a mantener en equilibrio los temas delicados. Tómense un tiempo hoy para enfocarse en los goces y placeres de su vida sexual, especialmente en cómo puede impregnar sus otras experiencias diarias y semanales.*

La música suena en el fondo; la luna brilla allá arriba. Los amantes se miran fijamente en el balcón, mientras el reflejo de las luces de la ciudad traza caminos hacia el cielo. Se acarician, y después él la conduce por la puerta de vidrio abierta, las ropas suavemente movidas por el viento. Las luces se desvanecen, y los amantes desaparecen en las profundidades del romántico goce sexual, dejando que la audiencia complete los espacios en blanco.

Las descripciones de sexo de Hollywood son interesantes para ver, pero llevan a muchas parejas a suponer que lo único que necesitan para una relación sexual plena es la luz de la luna, una suave brisa, y la música de fondo adecuada. Las películas nunca muestran a las parejas cinco años más tarde, ocupadas con cincuenta horas de trabajo por semana, con cuarenta libras más de peso, o cualquiera de las otras eventualidades que ocurren en la vida real. En realidad, mantener una conexión sexual en su matrimonio requiere concentración, atención y trabajo, pero al final el esfuerzo vale la pena.

## Mantenga encendido el fuego del hogar

Hoy le daremos unos consejos más sobre cómo mantener su sexualidad viva y saludable.

*Hable, hable, hable*. Nos resulta simplemente imposible dejar de enfatizar cuán importante es el hablar para su relación sexual. Tienen que hablar uno con el otro sobre cosas como cómo se sienten respecto a su vida sexual y en qué quisieran que fuese diferente, cómo se sienten en cuánto a la estimulación previa, y cómo quisieran que fuese diferente, qué hace su cónyuge que realmente a usted le gusta y qué no, qué posiciones le gustan y cuáles no o quisiera intentar, sus temores sobre el sexo, qué le hace a usted sentirse tenso o relajado durante la relación sexual, y qué actitudes, acciones y palabras le ayudan a sentirse más seguro y pleno.

*Hagan ejercicios sensuales no sexuales.* Una de las cosas más importantes que los terapistas sexuales piden a las parejas que hagan es ejercicios placenteros no genitales, a veces referida al enfoque en la sensación. La idea es dar placer a su compañero por medio del tacto en todo el cuerpo, masaje, caricias suaves, etc. El enfoque en la sensación le ayuda a averiguar lo que se siente como bueno, emocionante, erótico, relajante, íntimo, lo que conecta, y cosas por el estilo. Ayuda a los cónyuges a redescubrir —o descubrir por primera vez— el amplio ámbito de su sexualidad.

Déjese de evaluar. Existen pocos aniquiladores del deseo y el rendimiento tan grandes como la evaluación y la ansiedad del desempeño. ¿Qué está pasando dentro de su cabeza mientras tiene relaciones sexuales? ¿Se pregunta si su cónyuge cree que es una buena amante, si no está sexy o demasiado gorda, si su cónyuge disfruta lo que está haciendo, si usted dice lo suficiente o demasiado, etc.? Déjese de evaluar y comience a experimentar. Métase en el momento y siéntalo. Concéntrese en eso. Hable de eso, pero no lo juzgue. Hacerlo sólo conduce al temor y a la vergüenza.

*El sexo comienza mucho tiempo antes del «sexo».* El sexo no comienza cuando usted comienza «el sexo». Es producto de la conexión, el amor y la ternura que se han demostrado hasta ese momento. Por ejemplo, hombres, búsquenla a lo largo del día de maneras no sexuales. Y busquen todas las partes de ella, no sólo su cuerpo. Sean cariñosos, tiernos, tomen la iniciativa y sean amables. Hay posibilidades de que ella haga que usted se alegre de haberlo hecho.

*Elimine la presión*. Quite la presión del rendimiento de su dormitorio, y de su relación. No presione a su cónyuge para que se sienta excitado o satisfecho, o que lo excite y satisfaga a usted, en un cierto tiempo o con ciertas conductas. Lo primordial aquí es que la relación sexual consiste en una respuesta relajada, emocional, cariñosa, relacional y física. Son un equipo para brindarse placer el uno al otro, no para trabajar el uno para el otro o juzgarse mutuamente, ni siquiera juzgarse a sí mismos.

*Háganse un chequeo*. Las encuestas demuestran que las personas en mejor condición física tienen mejores relaciones sexuales. Manténganse en forma y aliméntense saludablemente. Descansen más, y reduzcan el estrés. Se ha demostrado que todas estas disciplinas mejoran las relaciones sexuales.

*Saquen tiempo para hacer el amor*. El amor requiere tiempo y espacio. Si lo están haciendo como una ocurrencia de último momento —con los pocos minutos y la poca energía que le queda al final del día— entonces ésa será la calidad de su vida amorosa. Sean más proactivos. Programen el tiempo para el sexo. Pasen la noche fuera. Tengan citas sexuales. Preparen un tiempo reservado para hacer el amor.

*Apóyense mutuamente*. Cuando alguno de ustedes tiene una lucha de cualquier clase o necesita crecer en alguna manera, apóyense mutuamente. Cuando uno de ustedes afronta un desafío, está herido o bajo estrés, ambos luchan. Manténganse cerca el uno del otro durante esos tiempos y ayúdense a seguir. Apoyarse fielmente y aceptarse el uno al otro cuando uno de ustedes lucha, es un acercamiento hacia mejores relaciones sexuales.

## Piénselo, háblelo, vívalo

1. Seleccione uno o dos consejos en los que necesite trabajar para ayudar a mejorar su vida sexual. ¿Cómo implementará estos consejos para brindar mayor satisfacción a su cónyuge?

_____

_____

_____

2. Tome la iniciativa en programar un encuentro íntimo para usted y su cónyuge en un momento y lugar que sean adecuados para ustedes. Escriba una linda y creativa invitación para el encuentro y envíela a su cónyuge. Incluya en ella un pedido de que su cónyuge le provea un «menú» de placeres que él o ella disfrutaría. Planifique el encuentro para el disfrute de su pareja.

_____

_____

_____

# Compromiso para un matrimonio estupendo

*Con la ayuda de Dios,*

*voy a buscar ampliar y enriquecer*

*nuestra vida sexual*

*cultivando nuestra intimidad*

*más alla del mero acto físico.*

---

Firma

# DÍA *16*

## Dénse codazos el uno al otro para ser más de lo que son

*¿Se da cuenta de que su cónyuge es su mayor ventaja para su crecimiento personal y éxito en este trayecto hacia la grandeza del matrimonio? Es cierto. La sesión de hoy lo alertará y lo preparará para sacar el mayor provecho del instrumento que Dios escogió para el crecimiento de su vida.*

Todos necesitamos codazos en nuestros matrimonios. Los codazos les hacen comprender que cada uno de ustedes puede ser más de lo que es, y ayudarse mutuamente en ese camino. Se relacionan con *nuestras expectativas* recíprocas. *Ustedes tienen que amarse el uno al otro lo suficiente como para esperar que su cónyuge crezca más de lo que lo ha hecho hasta ahora.*

# Darse codazos es bueno

Usted desea que su cónyuge sea una mejor persona: más cariñoso, más responsable, más auténtico, más espiritual, y más sincero. Desea que se comunique mejor con usted. Quiere que esté libre de malos hábitos y adicciones. Su amor por él la conduce a desear estas cosas. Son buenos deseos para el bien de su cónyuge. También lo son para su bien y para la reconexión y profundidad de su intimidad.

El tener grandes expectativas no significa que usted no acepte a su cónyuge tal como él es. Nadie crece o cambia verdaderamente el corazón a menos que primero sea aceptado tal como es. En realidad no existen conflictos entre aceptación y expectativas. De hecho, son íntimos compañeros.

A veces, un cónyuge pensará que el otro lo está criticando o no lo acepta porque tiene estándares, requisitos y expectativas. Él puede decir: «Si me amas, ámame como soy». La respuesta a eso es: «Sí, yo te amo tal como eres. Pero si no quisiera que fueras más de lo que eres, no te amaría realmente». Cuando usted tiene estándares buenos y razonables, está definiendo lo que desea y lo que necesita. Está estableciendo una estructura saludable para que el amor crezca.

## Por qué necesita expectativas

Ustedes necesitan amor en el matrimonio, mucho de él, pero también necesitan ser sinceros, confrontar y tener expectativas uno del otro. Aquí tienen algunas razones.

*Las expectativas los sacan de su zona de comodidad.* Cuando dos personas se comprometen una con la otra o se casan, casi siempre comienzan a retroceder a patrones cómodos y sin crecimiento. Usted deja de trabajar afuera, y comienza a subir de peso. El hogar se vuelve un poco descuidado. Dejan de escucharse uno al otro como solían y cada uno encierra más en su propio mundo. Estos patrones regresivos lo conducen a pensar: *«Tengo a mi amor y ella me acepta, así que simplemente seré yo».* Acaba de caer en la zona de comodidad.

Cuando esto sucede, los cónyuges deberían darse permiso para codearse uno al otro y sacarse de la zona de comodidad. Cuando las expectativas y requisitos se dan cariñosamente y no con aspereza, pueden ser gratos y efectivos.

*Las expectativas les ayudan a ver sus puntos débiles.* Con frecuencia no somos conscientes de que no estamos en nuestro mejor momento. ¿Quién mejor que su cónyuge para señalar que algo que usted está haciendo está estorbando su propio crecimiento, desarrollo y éxito? Por ejemplo, su cónyuge amablemente puede tratar con su tendencia a la complacencia al decir: «Quiero que te exijas más, que tomes algunas responsabilidades, y dejes de estar satisfecho con el término medio».

*Las expectativas ayudan a usted y a su cónyuge a crecer juntos.* Los cónyuges que se alientan mutuamente para ser todo lo que pueden ser y ven resultados positivos en el otro tienden a unirse más, a ser más románticos, y más interesados en el otro. Si usted está mejorando y desarrollándose más personal, emocional y espiritualmente, su corazón se ensancha. Está aprendiendo a dar y a recibir amor. Y eso se traduce en un beneficio directo para la relación.

## Dónde comenzar

Aquí tenemos algunas cosas que ustedes pueden hacer para «empujar» su vida amorosa hacia adelante:

*Salgan de su zona de comodidad*: Hablen sobre cómo ustedes dos desean sentirse seguros, aceptados e incondicionalmente amados. Pero al mismo tiempo, sométanse humildemente uno al otro en áreas de crecimiento y de problemas. Con gracia, amor, y expectativas saludables, las parejas se convierten en mejores individuos y mejores amantes.

*Transfórmense en un equipo.* Trabajen juntos en lo que cada uno de ustedes desea para sí mismo y para su cónyuge. Sean un compañero, un alentador y un entrenador el uno para el otro. Hagan del crecimiento personal y la superación algo para ambos.

*Celebren el cambio.* Cuando uno de ustedes se mueve hacia la dirección correcta, ¡celébrenlo! Cambiar no es fácil. Lleva tiempo tratar con el estancamiento y la monotonía. Cuando su compañero hace el esfuerzo y corre el riesgo, incluso uno pequeño, confírmelo y refuércelo.

## Piénselo, háblelo, vívalo

1. ¿Su cónyuge se encuentra en una zona de comodidad que está sofocando su crecimiento personal y el crecimiento de su matrimonio? Descríbalo.

   _____

   _____

   _____

2. Pregunte a su cónyuge si usted se encuentra en dicha zona de comodidad. Prepárese para recibir su codazo, sin sentirse amenazado por eso.

   _____

   _____

   _____

3. ¿Qué expectativa saludable y cariñosa tiene respecto a su cónyuge? Anote algunas específicas. ¿Cómo codearía a su cónyuge para que se adelante mientras le sigue demostrando su completa aceptación?

   _____

   _____

   _____

# Compromiso para un matrimonio estupendo

*Con la ayuda de Dios,*

*voy a comprometerme a dar y recibir*

*un ligero codazo equilibrado y saludable para*

*fomentar nuestro crecimiento individual*

*y como pareja.*

---

Firma

*16*

# DÍA 17

## Atiendan las heridas en cuanto ocurran

*Los últimos seis días de su trayecto apuntan a ayudarlos a tratar con el conflicto en su matrimonio. Implementar estos consejos no hará perfecto su matrimonio, pero ayudará a elevarlo a la grandeza.*

En ocasiones, en mis seminarios sobre matrimonios, yo (Henry) pido a las parejas que se vuelvan hacia su cónyuge y le digan: «Te prometo que voy a herirte». Por lo general quedan atónitos. Luego les explico: «Esa maravillosa persona a quien usted ama tanto y con quien desea estar, es una persona imperfecta y hará cosas que lo hieran. Tan maravilloso como es, su cónyuge le fallará a veces, y le herirá».

Los matrimonios estupendos no son aquellos donde no hay dolor, sino aquellos en los que el dolor es aceptado como parte del paquete. Como resultado, la pareja se centra conscientemente en mejorar cómo procesar el dolor y resolver los conflictos.

## Falsas expectativas

Muchas personas nunca encuentran el gozo que el matrimonio puede brindarles porque buscan algo que no puede proveerles. La gente se dispone al fracaso al esperar un matrimonio libre de dolor; esa expectativa surge al menos de tres formas.

*El deseo de una fantasía infantil.* Muchas personas entran a la adultez con el sueño infantil de casarse con un príncipe o una princesa de fantasía que hará que su vida siempre sea divertida y feliz, y nunca los herirá. De modo que cuando esas heridas llegan y el matrimonio ya no es divertido, muchos se largan.

*El deseo de una vida sin dolor.* Vivimos en un mundo caído, y suceden cosas malas. Como dijo Jesús: «En este mundo afrontarán aflicciones» (Juan 16: 33). En una buena relación, los cónyuges no sólo enfrentan la realidad de que se herirán, sino que también afrontan y procesan juntos el dolor de la vida en general.

*El deseo de compensar heridas del pasado.* Cuando el pasado le ha deparado considerables heridas y dolores, una persona puede soñar con una relación que un día hará que todo sea mejor. Pero aunque ella encuentre una buena relación con un buen hombre, él a veces la desilusionará. Esto lleva a una doble herida: la herida misma más la herida mayor de que el rescate anhelado no suceda.

## La realidad

En los matrimonios estupendos, los cónyuges desarrollan las siguientes actitudes y prácticas que preservan la relación y el amor que comparten, aún cuando uno haya herido al otro.

*Aceptar el hecho de que su cónyuge a veces hará cosas que le hieran.* Cuando usted acepte este hecho, será capaz de tratar las heridas cuando lleguen.

*Quédese con las cosas que ama de su cónyuge, aun cuando él la decepcione.* No catalogue a su cónyuge como «todo malo». No deje que la herida le impida ver sus buenas cualidades.

*Cuando las heridas ocurran, afróntenlas con franqueza.* Los matrimonios estupendos no niegan los problemas; los afrontan. Cuando se hieran, díganselo uno al otro.

*Cuando sea usted quien hirió al otro, pida perdón.* Confiese su mala acción y empatice con el dolor que ha causado. No lo racionalice ni trate de encontrar una explicación convincente. Confiese su ofensa y pida perdón.

*Cuando usted ha sido herido, súfralo y perdone.* El perdón es la manera en que metabolizamos y quitamos los residuos de una relación.

*Si la herida es grave, busque apoyo y sanidad, y procese el dolor.* Lamentar la herida y dejarla pasar puede ser imposible sin ayuda externa si se le ha infligido una herida grave.

*Comprenda lo que vale el volver a ser herido.* A algunas cosas no valen la pena convertirlas en un problema. Si se encuentra continuamente herido por muchas de las cosas que su cónyuge hace, usted puede necesitar ayuda externa para corregir su perspectiva.

*Trabajen juntos en cómo procesar el dolor y las heridas.* Hablen sobre cómo hacerse saber el uno al otro cuando están heridos. Analicen lo que necesitan uno del otro en esos momentos.

# Piénselo, háblelo, vívalo

1. ¿Usted comenzó su matrimonio con una de las falsas expectativas mencionadas en este capítulo? Si es así, describa esa expectativa y cómo afectó su relación.

   _____

   _____

   _____

   _____

2. ¿Qué pasos piensa que podría ser bueno que usted diera, si fuera necesario, según los conceptos de este capítulo? Enumérelos y exprese cómo se propone comenzarlos.

   _____

   _____

   _____

   _____

# Compromiso para un matrimonio estupendo

*Con la ayuda de Dios,*

*voy a crecer para aceptar mejor*

*lo inevitable de las heridas en nuestra relación,*

*y voy a disponerme a atender*

*las heridas cuando ocurran.*

_____

Firma

# DÍA *18*

## Luchen por soluciones en las que ambas partes ganan

*En este capítulo, discutiremos cómo las buenas peleas y las discusiones saludables son vitales para el matrimonio próspero que usted busca. Usted puede decir: «¿Eso de 'buena pelea' no es un oxímoron?». Estamos aquí para decirle que las buenas peleas y las discusiones saludables son vitales para el matrimonio que ustedes desean.*

Bruce y Kris se miraron asombrados. «¡Lo hicimos!», exclamó Kris, y luego chocaron los cinco. Fue su primera pelea exitosa. Habían discutido sobre un problema, lo habían resuelto, y seguían sintiéndose conectados el uno con el otro. Era un gran paso para su matrimonio.

Las parejas que saben cómo pelear correctamente se amarán correctamente. Las discusiones saludables son una parte importante de la conexión, reconexión y pasión. Después de todo, en su esencia saludable, se pelea por amor. Es un intento de resolver diferencias para que el amor pueda regresar y crecer.

Existen muchas clases de peleas: peleas por preferencias, valores, comunicación, o nuestros propios intereses. No importa qué desencadene la pelea, necesitan una manera de encarar estos y otros desacuerdos que podrían tener.

## Recuerden la meta

Las parejas que pelean bien recuerdan la meta: la conexión. Se trata de la relación, no de arreglar, tener razón o probar el error. Lo importante no es el problema, sino cómo opera ese problema contra su relación.

Esto es fácil de olvidar en el calor de la discusión. Pero ustedes deben comenzar y terminar con la meta en mente: *Esto tiene que ver con nuestra relación. Tiene que ver con que tengamos una mejor relación.*

## Reglas para una pelea limpia y fructífera

*Sea directo y específico.* Las acusaciones indirectas suenan como esto: «Hiciste lo incorrecto y no hiciste lo correcto». Las acusaciones específicas suenan como esto: «Cuando pasas horas con la computadora, me siento realmente sola y desconectada de ti». Ser indirecto y evasivo causa distancia y ansiedad, porque su cónyuge no tiene adónde ir con su problemas. Cuando usted es específico, su cónyuge sabe exactamente qué es lo que usted ve como problema, y, es de esperar, qué pasos se deben dar.

*Mantenga la ida y vuelta.* La buena pelea es un diálogo. Su cónyuge necesita el mismo tiempo. Si fracasa en hacer de la pelea una conversación, las cosas sólo terminarán en distanciamiento y mayor tensión.

*Tenga una estructura.* Solemos pelear una y otra vez, señalando que el problema no ha sido resuelto. Resolverlo para bien requiere alguna estructura. Aquí tienen cuatro sugerencias.

*Que alguien sea el policía de tránsito.* Cuando una discusión implica muchas evasivas, perder el objetivo, culpar y estar a la defensiva, es necesario que uno de ustedes dé un paso y detenga la corriente.

*Establezcan un tiempo límite.* Si la discusión no progresa, establezcan un tiempo límite. Les ayudará a permanecer concentrados y más conscientes de que tienen una meta que alcanzar.

Acuerden de antemano que la escalada no está bien y no será tolerada. Podría decir algo como: «Si vas más allá del enojo normal para gritar e insultarme, acabaré esto y me iré. Tendremos que terminarlo más tarde».

*No evite todo el enojo.* Las relaciones tienen pasión, y el enojo es parte de la pasión. Pero éste nunca debería aumentar tanto que distancie o asuste a su cónyuge. El enojo también debería ser «limpio», no sarcástico, vengativo o «culpabilizador». Cuando el problema se soluciona el enojo que suscitó debería irse.

*Normalice la pelea.* Normalice sus discusiones quitando el temor y el poder de ellas. Las parejas que se tornan ansiosas o evasivas respecto a pelear no solucionarán sus problemas o tendrán enormes encontronazos cuando discutan.

Cuando usted y su cónyuge tienen una pelea, háblenlo en el «ahora»: «Mira, sé que ahora ambos estamos molestos, pero quiero que sepas que te amo y quiero que estemos seguros el uno con el otro». Esto ayuda a integrar el amor, la confianza, la realidad y la pasión en la relación.

# Piénselo, háblelo, vívalo

1. ¿Sobre qué son la mayoría de los conflictos y desacuerdos con su cónyuge: preferencias, valores, comunicación, o problemas personales? Dé un ejemplo.

   _____

   _____

   _____

2. ¿Cuáles de las reglas para la pelea limpia y fructífera ha pasado por alto en la resolución de conflictos con su cónyuge? ¿Cuál ha sido el resultado de estos descuidos?

   _____

   _____

   _____

3. Escriba una breve «nota de amor» para su cónyuge sobre el tema de las discusiones y peleas.

   _____

   _____

   _____

   _____

# Compromiso para un matrimonio estupendo

*Con la ayuda de Dios,*

*voy a discutir y pelear contigo*

*de una manera cariñosa y justa*

*con la meta de profundizar nuestra relación.*

_____

Firma

18

# DÍA *19*

## Ejerciten la confianza

*¿Notó que le quedan solamente unas páginas para terminar este libro? Y mire cuántos aspectos ya se han desarrollado. Casi ha alcanzado la línea de llegada, y está un día más cerca del premio del matrimonio estupendo que tanto usted como su cónyuge desean.*

La confianza *es la capacidad de ser totalmente genuino, auténtico, y sin reservas con su cónyuge.* Significa poder entregar a su cónyuge todas las facetas de usted, buenas y malas, fuertes y débiles, sin temor de condenación o juicio. Tiene que ver con no necesitar corregir o colorear lo que usted dice o quién es usted por temor a una reacción negativa.

En las Escrituras en hebreo, existe una palabra para confianza (*batach*) que transmite la idea de «despreocupación» en la confianza (Salmo 22:9). Cuando usted confía en alguien, no se siente obsesionado por qué decir o hacer. A veces deja escapar algo, y aunque cause un problema, es un problema pequeño, no una catástrofe. ¿Quién no querría tener con su cónyuge una relación que se caracterizara por la capacidad de estar «despreocupado» de esta manera?

Piense en la última vez que se abrió a su cónyuge respecto a una falla o un temor. Cuando usted estaba vulnerable con él, ¿se le acercó, la hizo sentir más segura y la ayudó a ser más comunicativa? ¿O se alejó, se puso a criticarla o hasta desestimó el problema? Esta clase de evaluación no pretende ser una acusación hacia su cónyuge. Simplemente es una manera de que ustedes como pareja comiencen a evaluar el nivel de confianza que se tienen el uno al otro.

Las parejas que han aprendido a confiar reciben muchos beneficios a cambio. Son capaces de conectarse en niveles más profundos. Desean estar el uno con el otro y quieren darse uno al otro por gratitud. Son capaces de tener más pasión, pues la pasión sólo puede emerger en un contexto de seguridad y confianza. La confianza constituye el fundamento de la vida amorosa que ustedes desean tener.

## Tres elementos de la confianza

Las parejas pueden trabajar sobre la confianza y mejorarla. Veamos tres elementos principales que, cuando están presentes en la relación, crean una atmósfera de confianza y seguridad.

*Riesgo.* Sin riesgo, no hay confianza. Para desarrollar la confianza, necesitarán extenderse más allá de su zona de comodidad y correr riesgos. El riesgo en una relación implica exponer facetas vulnerables de usted mismo ante su cónyuge. Será necesario que le permita conocer pensamientos, sentimientos y experiencias suyos que son negativos, dolorosos o delicados. Esto podría incluir temores, heridas, errores, pecados y facetas de las que usted se avergüenza o desearía no tener.

¿Cómo cree que responderá su cónyuge ante su apertura? Como sea, de todos modos debe correr el riesgo porque *ustedes están diseñados para traer a su relación cada parte de su ser.* Dios los creó para que se conectaran en todos los niveles. Las parejas que pueden sobrellevar los riesgos van a recibir los beneficios de la confianza.

Estas son algunas cosas que los cónyuges a veces deben decir y que implican riesgo:

- «Temo que veas todos mis defectos y te desconectes de mí».
- «A veces pretendo estar bien cuando no lo estoy».
- «No sé cómo ser quién tú necesitas que yo sea».
- «Realmente puedo ser egoísta y exigente contigo».
- «Tengo un mal hábito que he estado ocultándote».
- «Gasté el dinero de una manera que había acordado que no lo haría».

*Aceptación*. Aprecie el esfuerzo y la humildad de su cónyuge al hacer algo incómodo por amor a la relación. Extienda gracia y amor sin indicios de condenación. Usted no tiene que estar de acuerdo con lo que dice o hace su cónyuge para ser acogedor. La mejor manera de comprenderlo es que usted está aceptando la vulnerabilidad de su cónyuge, no necesariamente lo correcto o erróneo de lo que está diciendo. Piense en lo difícil que es para usted correr el riesgo con él, y dele la misma gracia que usted necesitaría.

*Confiabilidad*. La confiabilidad significa que usted toma muy seriamente la inversión que su cónyuge hace en usted, y que no hará nada para quebrar la confianza entre ambos. La confiabilidad requiere tiempo; sólo puede probarse por una serie de experiencias. Una pareja que es honrada valora mucho la fidelidad, la lealtad y la fiabilidad.

Aquí tiene algunos ejemplos de lo que es ser confiable:

- Mantener la aceptación a su cónyuge como algo constante.
- No usar nunca contra su cónyuge algo que ella le comparta.
- Mantener sus promesas y compromisos
- Decir no a cualquier forma de hablar engañosa o a la mentira, grande o pequeña.
- Reconocer cuando comete errores, y cambiar lo que es necesario cambiar.

Sin riesgos, usted nunca sabrá si verdaderamente puede confiar en su pareja. Sin aceptación, simplemente se alejaría o fingiría. Sin confiabilidad, no creería que la aceptación sea verdadera. Hagan de estos tres elementos un pacto en su mutua relación.

## Piénselo, háblelo, vívalo

1. ¿Cómo calificaría su éxito en incorporar los tres elementos de la confianza en su relación matrimonial: riesgo, aceptación y confiabilidad?

_____

_____

2. ¿Por qué es un regalo tener un cónyuge que no le oculta secretos? ¿Qué está impidiendo, si es que hay algo, que usted le dé el mismo regalo a su cónyuge?

_____

_____

3. Anote una o dos cosas que todavía no se ha arriesgado a compartir con su cónyuge. Determine el mejor momento para compartirle esas cosas, y, luego, compártalas.

_____

_____

## *Compromiso para un matrimonio estupendo*

*Con la ayuda de Dios,*

*voy a crecer en confianza*

*y en ser abierto a ti*

*mientras te doy aceptación y valoro*

*tu confianza y apertura.*

_____

Firma

*19*

# DÍA **20**

## Admitan reglas cuando sea necesario

*La línea de llegada está justo adelante, pero no afloje toda-
vía. Haga su mayor esfuerzo en estas dos últimas sesiones y
bendecirá a su cónyuge mucho más allá de sus expectativas.*

Reflexione por un minuto en su primera cita con su
cónyuge. ¿Recuerda dónde estaban, lo que hicie-
ron, cómo se sentían, y cómo lo encontró? ¿En algún
momento de ese evento discutieron qué clase de
reglas y estructuras deberían establecer para lograr
conocerse el uno al otro?

¡De ninguna manera! Las personas no se interesan
una en la otra y se enamoran porque tienen reglas
para ello. Las relaciones comienzan con atracción,
amor, entusiasmo y pasión. Las reglas son algo que
está muy lejos de su mente.

Sin embargo, al pasar el tiempo, muchas parejas han encontrado que pueden ser olvidadizos,

hirientes y egoístas el uno con el otro. La confianza y la comprensión pueden ser algo frágil y que se magulla fácilmente. Así que cuando un cónyuge hiere los sentimientos del otro, hace retroceder muchos pasos a la relación entera.

Aquí es cuando entran en su vida amorosa las reglas y estructuras relacionales. Hay momentos en que éstas son necesarias para tratar las heridas. Como el yeso en un miembro quebrado, las reglas relacionales pueden preservar, proteger y hasta reparar el amor que ustedes desean.

La imposición de reglas y estructuras se aplica a una gran cantidad de problemas, abarcando efectos desde leves a graves, tales como desconexión emocional, control, irresponsabilidad, estar a la defensiva, tardanza crónica, gastar más de la cuenta, infidelidad, y cólera. Estas conductas —y también otras— pueden dañar al amor y la confianza. Deben ser tratadas.

## No lo ideal, sino lo real

Así como los miembros quebrados no son lo ideal, tampoco lo es el tener muchas reglas para su relación. Si usted y su cónyuge han hecho que la responsabilidad, el cuidado, el sacrificio y la libertad sean facetas de la conducta normal del uno con el otro, no necesitan muchas reglas. Usted puede confiar en que su cónyuge va a actuar en función de su bien, y descansar en eso.

Por ejemplo, si su compañero es románticamente fiel, ¿con cuánta frecuencia usted le dice: «Quiero que te asegures de comportarte debidamente con las mujeres que encuentras en tu trabajo»? Probablemente nunca. Usted no necesita esa regla porque él la vive. Pero suponga que él coquetea o tiene una historia de infidelidad. Esto es realmente un problema para usted, y debería afrontarlo. Quizás tendría que establecer alguna forma en que él deba dar cuentas hasta que se pruebe a sí mismo que es confiable, tal como poder ponerse en contacto con él en cualquier momento y pedirle que le diga con quién está.

Piensen en las reglas como elementos que protegen y preservan. Úsenlas cuando sean necesarias, y tan pocas como sea posible, para que la libertad y el amor puedan florecer tanto como sea posible.

## ¿Cuándo necesitamos reglas?

Existen dos criterios para el establecimiento de reglas. Primero, uno de ustedes está hiriendo al otro y causando marginación y distanciamiento. Segundo, los pedidos al ofensor no dan resultado.

Idealmente, cuando una persona es áspera o hiriente, su cónyuge le dice algo para hacerle saber cuán negativamente le afecta eso. Pero a veces los pedidos no bastan. Su cónyuge no puede o no quiere oírle, está a la defensiva, o tiene una forma de pensar egocéntrica. Es entonces que pueden necesitar reglas y estructuras. Esta medida se toma solamente cuando ninguna otra cosa da resultado. Y se trata de relacionarse, no de castigar.

Si su relación está siendo herida por la conducta o las actitudes de su cónyuge, y las palabras no sirven, recurra a las reglas. Protéjanse y preserven el amor que desean tener. He aquí algunas pautas para considerar.

*Incorporen una tercera parte*. Muchas personas necesitan hablar con alguien, como un amigo fiel y responsable, para procesar lo que está sucediendo. Ver cuál es el problema, qué se necesita cambiar exactamente, qué reglas ayudarán y cómo tratar su propia ansiedad es muy difícil hacer todo esto en su propia cabeza. Necesita tomar prestada la cabeza de un amigo sabio y de confianza. Hablen con alguien que sea equilibrado, y que esté a favor de la relación.

*Basen las reglas en la relación*. Cuando decida lo que va a hacer, apele a la conexión. Deje en claro que no se trata de querer cambiar o arreglar a su cónyuge. Es porque usted desea confiar en ella y amarla, y no puede debido a lo que ella está haciendo. Regrese siempre a la meta: *Estoy haciendo esto porque te quiero y nos queremos*. Si usted necesita mucho apoyo de otras fuentes además de su cónyuge, no dude en buscarlo. Busque ese apoyo para poder resolver este problema y reconectarse con su amada.

*Sigan hasta el final*. Si las reglas son necesarias, establézcanlas y vívanlas. Si teme no poder hacerlo hasta el fin, deténgase y busque más recursos y ayuda o empeorará las cosas para ambos. Ceder a sus sentimientos o sus súplicas destruye la efectividad del tratamiento mostrando que la mala conducta no tiene consecuencias.

## Piénselo, háblelo, vívalo

1. ¿Qué reglas relacionales comunes —implícitas o claramente definidas— guían su relación en este momento? Estas reglas ¿han ayudado o estorbado en su matrimonio? Explíquelo.

_____

_____

_____

2. ¿Qué situación recurrente o patrón de su relación podría beneficiarse con reglas relacionales? Algunos ejemplos son la distancia emocional, el control, la irresponsabilidad, el estar a la defensiva, la tardanza crónica, el gastar más de la cuenta, la infidelidad y la cólera. ¿Cómo podría una regla fortalecer su conexión?

_____

_____

_____

# Compromiso para un matrimonio estupendo

*Con la ayuda de Dios,*

*voy a participar en cualquier estructura*

*o regla que pueda ayudarnos*

*a evitar conductas hirientes*

*y así profundizar nuestra relación.*

---

Firma

# DÍA 21

## Perdonen siempre, siempre, siempre

*Es difícil clasificar por importancia los veintiún pasos de este trayecto, pero este último es seguramente uno de los vitales para un matrimonio estupendo. ¿Por qué? Porque el perdón les ayudará a seguir cuando —observe que digo cuando, no si— ustedes tropiecen con los demás.*

Su capacidad para conectarse y reconectarse como cónyuges dependerá en gran manera de su capacidad para perdonarse el uno al otro. ¿Qué es el perdón? Dicho sencillamente, el perdón es cuando usted *cancela* una deuda. Es una palabra legal. Primero supone que una persona ha herido a otra y existe una deuda que debe ser pagada. Pero el perdón hace justicia en otra dirección. Con el perdón, *la pena es cancelada*. No hay castigo. El culpable es liberado.

El perdón es el fundamento de la fe cristiana. Todos hemos errado al blanco, dice la Biblia. Todos tenemos una deuda: una que nosotros no podemos pagar en su totalidad. Ese aprieto es el que movió a un Dios justo a enviar a su Hijo para morir por nuestros pecados, el justo por los injustos (1 Juan 4:10). De esto, aprendemos *que el perdón es la única esperanza que cualquier relación tiene para crecer y florecer en intimidad.* Cuando un miembro contrae una deuda, el otro siente el dolor y sabe que ha sido injusto con ella. *Pero ella desiste de su derecho a exigir justicia.* Ella deja libre al prisionero, por así decirlo, como Dios lo hizo por nosotros en Cristo.

## Los beneficios del perdón

Hay grandes beneficios al construir la capacidad de perdonar en su matrimonio. Echémosles un vistazo.

*Ambos cónyuges tienen otra oportunidad.* Piense en la última vez que habló con brusquedad a su pareja o fue muy dominante. ¿Cómo deseaba ser tratado? ¿Quería recibir la ley o deseaba una oportunidad para reconectarse, ser amado y reconciliarse? Las parejas sanas se dan cuenta de que ambos se fallan el uno al otro y que ambos necesitan que se les dé una segunda oportunidad frecuentemente.

*La gracia gana.* Su relación debe ser alimentada con amor y gracia. Cuando ustedes viven perdonándose mutuamente, ambos experimentan la gracia. Cuando usted y su cónyuge aprenden a perdonar, no están haciendo una cuestión de desempeño, no están siendo juzgados ni condenados, y están el uno *para* el otro y *para* la relación. El perdón libera la gracia que ambos necesitan para mantener viva la conexión.

*El perdonador es libre*. Cuando usted no perdona, *el resentimiento lo sigue poseyendo y controlando*. Yo (John) puedo pensar en las oportunidades de mi vida en que fui lento para perdonar. Me amargaba. Me retraía. Los pensamientos, las emociones y los recuerdos de la herida llenaban mi mente. Éste no es un cuadro de la libertad; es una prisión.

Cuando cancela la deuda de su cónyuge, usted es libre para seguir adelante y vivir la vida. El perdón es un beneficio para la parte herida.

*El perdón trae gratitud*. Cuando usted le dice a su cónyuge: «Te perdono por lo que hiciste», le está otorgando un regalo increíble. Está levantando de él una carga de condenación. En las personas sanas, esto da por resultado una inmensa y profunda sensación de gratitud.

*Usted puede ser auténtico*. Las parejas que perdonan no tienen que esconder sus faltas uno del otro, temiendo el rechazo. Están lo suficientemente seguros del perdón para saber que triunfarán. Así que son genuinos, auténticos, y sinceros el uno con el otro. ¿Por qué ocultar cuando no tiene que hacerlo?

# Conviértanse en una pareja que perdona

Aquí tenemos algunas maneras de agregar el asombroso poder del perdón a su matrimonio.

*Pónganse de acuerdo con la realidad*. Concuerden en que van a fallarse uno al otro a lo largo de toda su relación. Ponerse de acuerdo con la realidad sienta las bases para la necesidad de perdón.

*Hablen sobre lo que desean y necesitan*. Las personas necesitan diferentes cosas de parte de su cónyuge en cuanto al perdón. Uno puede decir: «Sólo quiero que lo admitas y no des excusas». Otro podría decir: «Necesito saber que no lo tienes pendiendo sobre mi cabeza». Este diálogo le ayuda a ver qué debe ocurrir en su relación para que ambos puedan experimentar los beneficios del perdón.

*Practiquen dar y recibir perdón*. Tráguense su orgullo. Frases como: «Por favor, perdóname por...» y «Te perdono por...» deben ser parte de nuestro vocabulario normal. Decir las palabras mirándose cara a cara, da lugar a la realidad de nuestras transgresiones y la profundidad del perdón.

*Tengan una política de «no estacionar»*. Cuando tienen un problema, vaya a su cónyuge tan pronto como sea razonable y eche a rodar el perdón. No espere que su cónyuge venga con una disculpa. No conserve la ofensa y la saque a luz más tarde como munición en otra discusión. Súfralo, siéntase triste y despídase del derecho a castigar.

No estamos diciendo que nunca deberían sacar el tema o hablar del problema que requirió perdón.

Quizás tengan que hablar sobre la conducta de alguno, su egoísmo o irresponsabilidad, si es un problema permanente. Pero hablen de eso como un problema que debe resolverse, no como una culpa del pasado.

## Piénselo, háblelo, vívalo

1. ¿Cómo es el perdón en su relación? ¿Ambos están «en la misma página» con respecto al perdón? ¿Por qué o por qué no?

   _____

   _____

2. ¿Cuáles de los beneficios del perdón mencionados en este capítulo ha experimentado personalmente en su matrimonio? ¿Cuál de ellos desearía experimentar más?

   _____

   _____

3. ¿Qué problema recurrente que requiere perdón necesita tratar con su cónyuge? Escriba lo que le diría a su cónyuge y establezca un tiempo para resolver el problema.

   _____

   _____

# Compromiso para un matrimonio estupendo

*Con la ayuda de Dios,*

*voy a dar y pedir perdón*

*rápida y gentilmente, por las inevitables*

*heridas de nuestra relación.*

_____

Firma

21

PRESENTAN:

Para vivir la Palabra

w w w . c a s a c r e a c i o n . c o m

# CASA
## CREACIÓN

Te invitamos a que visites nuestra página web, donde podrás apreciar la pasión por la publicación de libros y Biblias:

**www.casacreacion.com**

*Para vivir la Palabra*